울릉도·독도·간도에 대한 일본의 인식

울릉도·독도·간도에 대한 일본의 인식

2017년 2월 20일 초판 인쇄
2017년 2월 28일 초판 발행

지 은 이	장영숙
발 행 인	한정희
발 행 처	경인문화사
총 괄 이 사	김환기
편 집 부	김지선 나지은 박수진 문성연 유지혜
관리·영업부	김선규 하재일 유인순
출 판 신 고	제406-1973-000003호
주 소	파주시 회동길 445-1 경인빌딩 B동 4층
대 표 전 화	031-955-9300 팩 스 031-955-9310
홈 페 이 지	www.kyunginp.co.kr
이 메 일	kyungin@kyunginp.co.kr

ISBN 978-89-499-4258-2 93910
값 20,000원

울릉도·독도·간도에 대한 일본의 인식

장영숙 지음

景仁文化社

울릉도·독도·간도에 대한 일본의 인식

일본이 독도에 끊임없는 관심과 욕심을 보인 것은 어제 오늘의 일이 아니다. 우리에게는 이미 1세기도 지난 과거 대한제국 정부 당시 "울릉도를 울도로 개칭하고, 군수는 울릉전도 외에 죽도 및 석도를 관할한다"는 칙령을 통해 독도가 한국령임을 명확히 한 역사가 있다. 시기를 훌쩍 거슬러 올라가보면『세종실록지리지』를 비롯해 수많은 역사책과 지도를 통해서도 독도를 표기하고 기록해온 살아있는 역사가 존재한다. 그럼에도 일본정부는 1905년의 각의결정을 통해 독도를 일본 시마네현(島根縣)에 편입시킨 후, 오늘날까지 그들의 영토임을 끈질기게 주장하고 있는 것이다.

대한제국이 '죽도' 및 '석도'라는 이름으로 독도에 대한 영토주권을 선언하였음에도 불구하고, 일본이 자국의 영토 속에 편입시킨 논리는 독도가 '주인 없는 섬'이라는 데에 있었다. 즉 독도는 무주지(無主地)이기 때문에 먼저 선점하는 측이 자국영토로 삼을 수 있다는 논리였다. 그런데 이는 대한제국이 일본의 제국주의적 침탈을 받는 속에서 정국이 어지러운 가운데 불법적으로 행해진 조치였다. 따라서 일본의 주장은 설득력이 없을 뿐만 아니라, 남의 영토를 힘으로 강탈한 것임을 그들 스스로 대내외에 천명하는 것이나 다름없다.

일본도 그러한 점을 인식했는지 새롭게 주장하며 들고 나온 것이 고유영토론이다. 독도는 원래부터 그들의 고유영토였다는 것이다. 조선 초기 피역민들의 근거지가 되었기에 울릉도와 독도를 비워두는 공도정책(空島

政策)을 추진했던 한국의 지난 역사를 빌미로 삼은 것이다. 공도정책을 추진한 사실만 보더라도 독도는 애당초 한국이 소유하고 관리한 영토가 아니었다는 억지논리를 펴고 있는 셈이다.

일본의 주장대로라면 정부 주요 당국자들뿐만 아니라 일본민들도 역사적으로 독도를 무주지로 인식하고 있었어야 한다. 독도의 시마네현 편입 이후부터는 독도가 일본의 영토라는 분명한 주권의식도 있어야 할 것이다. 그러나 일제시기에 일본 정부나 개인이 발간한 역사지리서에서는 오히려 독도를 조선의 영토로 인식하고 서술한 경우가 많이 있다. 혹 일본의 영토로 서술한 경우도 간혹 있다. 이 경우는 한일병합과 동시에 새롭게 자국의 영토로 편입되어 들어온 독도를 비로소 신영토의 범위 안에 두고 이해한 것이다. 따라서 일본정부는 물론 민간에서까지도 정부 스스로 세운 정책과 고시(告示)와는 달리 독도가 일본영토라는 생각은 하지 않았음을 알 수 있다. 오히려 조선의 영토로 인식하고 있었던 것이다.

일본의 독도 무주지 선언과 시마네현으로의 편입과정은 이웃국가의 영토를 불법적으로 점유하려는, 고의적이고 악의적인 행동의 시초였다. 이들의 타국 영토 편입 방책은 애초부터 남의 영토일지라도 우선 일본민을 이식하고, 그에 따른 시설을 설치하면서 조용히, 야금야금 그들의 영토로 만들어 간다는 계획 하에 실시되었다. 저들은 일방적인 독도편입과 영유권 주장이 성공한다면 그 발판 위에서 울릉도까지도 그들 영토로 만들어 가려고 은밀히 강구하고 있었다.

압록강과 두만강 너머의 간도 역시 군사적, 경제적으로 매우 중요한 요지로서 일본이 호시탐탐 기회를 노린 곳이다. 간도는 세도정치의 학정과 수탈에 견디다 못한 조선의 농민들이 19세기 중반부터 건너가서 주인 없는 황무지를 생명의 땅으로 개척하고 일궈낸 곳이었다. 이러한 지역에 일본이 개입하여 중국으로부터 더 큰 이익을 약속받는 '간도협약'을 통해 영토에 대한 우리의 권리를 송두리째 넘겨버렸던 것이다.

이 책은 독도와 울릉도, 나아가 간도에 이르기까지 일본이 끊임없이 국익을 창출해 내기 위해 정책과 논리를 개발해 나갔던 부분에 초점을 두고 연구한 세 편의 글을 묶은 것이다. 첫 번째 논문인 「대한제국기 일본의 울릉도 자원침탈에 따른 대응과 인식」에서는 대한제국기 울릉도와 독도에 대한 정책과 관리를 포함하여 이 시기 민중들의 울릉도에 대한 인식을 살펴보았다.

영토에 대한 인식에는 정부와 관료층의 인식은 물론, 파원관료에 대한 도민들의 시각을 비롯하여 자원을 침탈하는 일본인들에 대해 언론에 반영된 민중들의 인식도 포함된다. 울릉도와 독도해역의 자원을 매개로 살았던 도민들의 생활실태와 영토에 대한 인식을 분명히 드러낼 때에 불법 침탈자로서의 일본의 위상도 극명하게 대비될 수 있다. 역사 속에서 일인들이 어떻게 존재했으며, 대한제국의 민중들과 어떠한 관계망 속에 놓여 있었는가가 드러날 때 독도를 둘러싼 영유권 문제도 간접적으로 밝혀질 수 있다. 그런 점에서 유의미한 주제이다.

두 번째 글인 「일제시기 역사지리서에 반영된 울릉도 및 독도 인식」에서는 일제시기를 거치며 발행되었던 역사지리서를 분석하여 보았다. 이 시기에 일본이 한국의 역사지리서를 적극적으로 발간한 목적은 한국이 일본의 보호국과 식민지가 된 것을 기념하고, 새로 편입된 신영토로서 한국의 지리와 역사를 일본민들에게 널리 알리고 교육시킬 목적에서였다. 또한 한국의 제반 지지를 탐색하여 다목적으로 활용하기 위한 현실적인 필요에서 책을 간행하였다.

그러나 일본에서는 한국령인 울릉도와 독도에 대한 정확한 인식이 없었다. 때문에 두 개의 섬을 분명하게 구분하지 못한 채 혼동하고 있었다. 즉 울릉도는 송도로, 독도는 죽도로 명명하다가 울릉도를 송도, 울도, 죽도라고도 하고 독도를 송도라 하는 등 독도를 울릉도의 부속도서로 여기면서도 뚜렷하게 명칭을 구분하지는 못하였다. 이처럼 두 개의 섬을 확실하게 구분 짓지 못했다는 것은 독도에 대한 정확한 인식이 결여되었음을 의미하는 것이다. 또한 일본 스스로 독도와는 관련이 없다는 관념 속에 젖어있었음을 보여주는 것이다. 동시에 영토에 대한 주권의식 역시 가지고 있지 않았음을 반증하는 것이다. 따라서 역사지리서의 분석을 통해서는 이러한 점을 최대한 드러내려고 하였다.

세 번째 연구인 「일제시기 역사지리서에 반영된 間島 인식」에서는 일제시기 출간된 역사지리서를 통해 일본이 간도문제에 대해 가진 시각과 인식이 시기별로 변화해간 점을 살펴보았다. 일본은 처음에는 간도를 당연히 중국에 속하는 땅으로 인식하였다. 그러나 외교권 강탈 후 간도 한민의 보호라는 명목 하에 간도에 진출하여 간도영유권 문제를 조사하면서는 한청 양국 모두에 논리적인 합당함이 있다고 보았다. 이때부터 일본은 간도를 간광지대, 무인지대, 중립지대 등으로 간주하였다.

일본이 한국에 대한 보호권을 갖게 되고 간도에 진출한 이후에는 국익차원에서, 그들의 명분을 합리화하기 위해서 간도는 한국의 영토라는 것이 전제될 필요가 있었다. 더구나 간도는 태조 이성계 이후 역사상 한국의 고토로 존재해 왔다. 한국은 간도관리사를 파견해 간도민들을 자국민으로 관리하고도 있었다. 때문에 일본이 보기에 간도는 역사적으로나 국제법적으로 한국의 영토라는 시각이 오히려 타당해 보였다.

중국이 간도에 대해 절대 양보하지 않자 일본은 시급한 현안을 해결하는 수단으로 중국의 간도영토권을 인정해 주는 것이 득책이라고 판단하였다. '간도협약'으로 일본이 차지한 경제적 이득은 많았다. 그런데 그들 스스로 한국영토로 인정했던 간도영토권을 중국에 넘긴 사실이 알려지게 되면 국가이미지는 실추할 수 있었다. 때문에 일본은 간도를 둘러싼 한중

영토분쟁과 이에 개입하게 된 경위 등에 대해 자신을 합리화하고 정당화할 수 있는 논리를 개발하여 국민들에게 알릴 필요가 있었다.

이에 스스로를 동북아의 분쟁을 해결한 '평화의 중재자' 내지 '평화의 수호자'로서 사실을 왜곡하는 논리를 만들어 내었다. 이어서 역사지리서에도 반영하여 서술함으로써 국가이미지 창출의 기제로 활용하였다. 이 과정에서 '간도협약'을 통해 차지하게 된 이익은 소략한 채 한중간의 갈등을 봉합하고 평화를 안착시킨 평화의 주인공, 중재자, 수호자로 스스로를 분식(粉飾)하였다. 특히 한중일 삼국의 감정과 이해가 교차되는 간도 지역의 역사를 서술하면서 침략국가로서의 이미지를 탈각하기 위한 수사(修辭)로만 일관하였다. 이는 현안의 독도문제 외에도 일본이 저지른 또 하나의 역사왜곡이었음이 본 연구를 통해 드러났다.

세 편의 글에서는 울릉도와 독도를 비롯한 간도의 소유권에 대해 일본 정부가 역사를 왜곡, 전유하는 방식으로 억지논리를 개발하고 이를 확대하여 '교육'이라는 이름으로 국민들을 세뇌시켜 나가는 과정을 최대한 보여주려 하였다. 이를 통해 독도를 일본 영토라고 주장하는 저들의 역사왜곡이 역사적으로 얼마나 허황된 토대 위에서 사실성과 설득력을 결여한 채 이어져 온 것인가 하는 점을 알 수 있다. 국가가 앞장서서 만든 견강부회식 정책과 논리를 국민들에게 홍보하고, 교육을 통해 확대재생산하는 구조 속에서 국민의 의식조차도 개변시켜 나가고자 했던 일본의 민낯도 볼 수 있다.

마지막 장에는 논문을 구성하는데 도움이 되었던 일제시기 간행된 역사지리서들의 해제를 실었다. 주로 1905년부터 1945년 사이에 출판된 책들이다. 국회도서관과 국립중앙도서관, 일본의 국회도서관에 소장되어 있는 간도 및 독도와 울릉도에 관련된 제반 도서를 대상으로 하였다. 자료해제는 일본의 영토 인식과 영토 정책에 대해 관심 있는 여러 사람들에게 원전을 찾아보지 않고도 필요한 원전의 내용을 어느 정도 헤아릴 수 있게 만든 것이다. 이 해제를 비롯해 책자에 실린 몇 편의 글이 전문가뿐만 아니라 일반인들에게도 영유권 분쟁을 겪고 있는 지역을 비롯한 변경지에 대한 인식의 변천상을 이해하는데 도움이 되었으면 한다.

　마지막으로 여러모로 부족한 원고를 책으로 만들어 주신 <경인출판사> 여러 분들께 진심으로 감사를 드린다.

2017년 2월

장 영 숙

제3장 일제시기 역사지리서에 반영된 間島 인식

제4장 일제시기 간행된 역사지리서 목록조사와 자료해제

〈범례〉

〈차례〉

제1장

대한제국기 일본의 울릉도 자원침탈에 따른 대응과 인식

머리말

대한제국기의 울릉도와 독도는 개항장이 아니었기 때문에 외국인의 통상행위는 불법이었다. 이러한 상황에서 일인들은 통상활동을 넘어 허가 없이 들어와 살면서 집단 거주촌을 형성하기까지 하고 있었다. 대한제국 정부는 이를 커다란 폐단으로 인식하고 일인들의 불법적인 통상과 벌목을 금지하면서, 이들을 본국으로 쇄환하는 데 일차적인 목적을 두었다. 반면 일본정부는 일인의 강제 쇄환과 철수 대신 어떻게든 주거권만이라도 확보하려고 하였다.[1] 대한제국은 1900년에 포고한 칙령 제41호를 통해 독도를 포함한 울릉도를 군으로 승격시키면서 정부의 적극적인 통치 영역에 포함시켰지만, 일이 생길 때마다 임시방편으로 해결하는 편이었다. 거리상의 문제도 있었으나, 일인들의 불법 교역과 벌목이 관행적으로 장기간 지속되었기 때문에 뚜렷한 해결책을 찾기도 어려웠다. 대한제국은 이런 문제의 대책을 실질적으로 마련하기보다 외교적인 수단에 의거하여 해결하고자 하였고, 결국 수동적으로 일본에 끌려가는 속에서 합병을 맞이하였다.

일본이 독도에 대한 영유권 주장을 계속 굽히지 않는 가운데 당대를 살았던 사람들의 독도를 비롯한 울릉도에 대한 영토의식이 어떠했는가를 살피는 것은 중요한 문제이다. 울릉도와 독도해역의 자원을 매개로 살았던 도민들의 생활실태와 영토에 대한 인식을 분명히 드러낼 때에 불법 침

---

1) 『주한일본공사관기록』 14, 各領事館機密來信 一·二 기밀 제6호, <日韓官吏鬱陵島出張ニ關スル件>, 1900년 5월 21일.

탈자로서의 일본의 위상이 극명하게 대비될 수 있기 때문이다. 역사 속에
서 일인들이 어떻게 존재했으며, 대한제국의 민들과 어떠한 관계망 속에
놓여있었는가가 드러날 때 독도를 둘러싼 영유권 문제도 간접적으로 밝
혀질 수 있으리라 본다.

더불어 '일본민을 이식하고 시설을 설치함으로써 조용히 자국영토로
만들어 가려는'2) 일본의 타국 영토 편입방책의 전형을 울릉도 사례를 통
해 확인해 본다. 이는 곧 무주지 선점론에 의거하여 독도를 강제 편입시
킨 후, 현재는 17세기 중엽의 영유권 확립설 하에서 독도 영유권 주장을
하고 있는3) 일본의 현재를 비추는 거울이 되기도 하기 때문이다.

따라서 본 글에서는 대한제국기 울릉도와 독도에 대한 정부의 정책과
일본의 침탈행위 및 이에 대한 대응을 살펴보는 속에서 대한제국 민들의
울릉도를 둘러싼 제반 인식을 드러내 보고자 한다. 인식의 내용에는 정부
와 관료층의 인식은 물론, 파원관료에 대한 도민들의 시각을 비롯하여 자
원을 침탈하는 일인들에 대해 언론에 반영된 민들의 인식 등이 포함된다.

이를 밝히기 위해 본 연구에서는 『內部來去文』, 『江原道來去案』, 『江
原道各郡訴狀』 등의 정부와 지방관계 문서를 비롯하여『구한국외교문서』
와『주한일본공사관기록』 등의 외교관계 자료도 폭넓게 수집하였다. 또

---

2) 울릉도에 대한 일본의 전통적인 접근방략과 계책은 "…일본민을 이식시키고 시설
   을 설치하여 묵인한다면 자연히 일본의 영토가 된다…日本の民を殖やし, 役人を
   やり, 施設を施して默つて居れば, 自然日本の領土ごなるべきを…"(今村鞆,
   『朝鮮事情: 鬱陵島記事』, 南山吟社, 1930, 156쪽)는 무주지 선점론에 입각한 것
   이었다. 이는 일제시기를 거치면서 일반에 퍼져있던 인식의 내용으로서, 1905년 독
   도를 선점할 때와 같은 주장과 논리의 연장선상에 있는 것이었다.
3) 일본은 외무성 홈페이지의 죽도 홍보를 통해 100여년 이상 지속적으로 주장해 오던
   무주지 선점론 대신 17세기 중엽의 영유권 확립설을 내세우고 있다. 그에 따르면
   울릉도 爭界(죽도 일건)로 인해 죽도(울릉도) 도해금지령은 내렸지만, 송도(독도)
   도해금지령이 내려진 것은 아니기 때문에 독도는 일본의 영토라는 논리이다.

한 당대 민들의 목소리가 반영된 여론의 추이를 살피기 위해 울릉도를 둘러싼 여러 주장과 논의의 장으로 기능하였던 『제국신문』과 『황성신문』 등의 주요 신문기사도 광범위하게 수집하였다. 최근 수집, 발표된 자료인 「鬱島郡 節目」을 통해서는 울릉도의 관리실태를 엿보고자 하였다.

본 연구와 관련한 울릉도와 독도 연구로는 울릉도와 독도의 역사지리적 인식과 가치를 조명하는 연구가 있었고,[4] 러시아와 일본의 각축지점으로서 울릉도와 독도를 조명한 연구도 있었다.[5] 최근에는 울릉도의 어업실태를 독도 영유권 문제와 연결하여 한국의 독도에 대한 실효지배를 증명하는 연구도 이어지고 있으며,[6] 울릉도의 생활상과 일제의 자원침탈상을 밝힌 연구도 있다.[7] 또한 일제시기 간행된 역사지리서의 분석을 통해 당시 일본인들의 울릉도와 독도에 대한 인식을 살펴본 연구도 있다.[8]

---

4) 김정숙, 2005 「독도에 대한 역사·지리적 인식」 『독도연구』 창간호; 임덕순, 2010 「독도의 기능, 공간가치와 소속」 『독도·울릉도 연구:역사·고고·지리학적 고찰』, 동북아역사재단; 박병섭, 2011 「러일전쟁과 독도의 가치」 『獨島硏究』 제10호.

5) 최문형, 1985 「러시아의 울릉도 활용기도와 일본의 대응」 『독도연구』; 김호동, 2011 「독도와 울릉도를 둘러싼 러·일의 각축과 조선의 대응」 『獨島硏究』 제10호.

6) 박병섭, 2010 「한말의 울릉도 어업과 독도 영유권 문제」 『獨島硏究』 8호; 김영수, 2011 「'울도군 절목'의 발굴과 그 의미―대한제국 칙령 제41호 선포에 따른 울릉도와 독도에 관한 행정관할 증거」 『영토해양연구』 2; 유미림, 2012 「수세(收稅) 관행과 독도에 대한 실효지배」 『영토해양연구』 4집 등이 있다.

7) 김호동, 2013 「'울도군 절목'을 통해 본 1902년대의 울릉도 사회상」 『장서각』 30; 김종준, 2013 「개항기 일본상인의 울릉도 침탈과 염상 김두원 사건」 『동북아역사논총』 42호.

8) 일제시기에 간행된 역사지리서에서는 독도를 한국영토로 분류하여 서술하거나, 한국이나 일본 어디에도 포함시키지 않으면서 서술하는 경우 등 다양한 사례가 나타나고 있었다. 이는 곧 일본정부가 독도를 자국영토로 편입시키긴 하였으나, 독도에 대한 주권의식까지 정부가 강제로 조작·왜곡해 나가는 데는 한계가 있었음을 보여주는 것이라 할 수 있다. 이에 대한 연구로는 장영숙, 2011 「일제시기 역사지리서에 반영된 울릉도 및 독도인식」 『한국민족운동사연구』 67집 참고.

본 연구는 기왕의 연구성과를 수렴하면서도 울릉도 주변 도민들의 생활 실태와 일본의 자원침탈상을 드러내는 속에서, 이에 대응하는 정부의 정책과 이를 바라보는 대한제국 민들의 인식과 시선에 무게중심을 두었다는 점에서 차별성이 있다.

1. 대한제국의 울릉도에 대한 정책과 관리

대한제국 이전 울릉도와 독도를 둘러싼 한일 양국의 입장과 영토관리 실태를 간략히 살펴보면, 17세기말 일본막부의 '죽도도해금지령'은 울릉도와 독도가 명백하게 조선영토에 해당된다는 사실을 한일 양국에 공식적으로 확인시킨 문서라 할 수 있다. 이후 메이지 시기를 거치면서 외무성, 내무성, 육군성, 해군성을 비롯해 태정관에 이르기까지 독도를 조선령으로 재차 확인하는 일본의 최고 훈령을 통해9) 이는 더욱 명백한 사실로 인식되어 왔다. 한국은 일본과 '안용복 사건'을 계기로 독도를 포함한 울릉도의 영토권 문제를 매듭지은 후, 울릉도 수토제를 실시하였다.10)

울릉도 지역에 대한 보다 구체적인 정책과 관리는 불법적으로 들어온 일인들을 구축해내기 시작하면서 진행되었다. 일인들의 울릉도 왕래를 감시하기 위해 조선정부는 부호군 이규원을 울릉도 검찰사로 임명하여 이를 관리하게 하였다.11) 일인들이 벌목과 어로활동을 하기 위해 울릉도를 자주 출입한다는 이규원의 상세한 보고가 잇따르자, 고종은 이들의 울

---

9) 이에 대한 내용은 차종환 외, 2006 『겨레의 섬 독도』, 도서출판 해조음, 130~137쪽 참고.
10) 『숙종실록』 숙종20년(1694) 8월 14일.
11) 『고종실록』 고종18년(1881) 5월 22일.

릉도 출입금지와 벌목행위 금지를 요청하는 공문을 일본 외무성에 발송하게 하는 등[12] 적극적인 관리태세로 돌입하였다.

1883년에는 일본과 '재조선국 일본인 통상장정'을 체결하면서 일본의 조선어장 침투가 가능하게 되었다. 그런데 외국어선의 포어는 연해 3해리 밖에서만 준허되었으므로 울릉도에서의 포어는 범법행위에 해당되었다. 1889년 '조선일본 양국 통어장정'이 체결되면서 연안 3해리 이내 어업이 허가되었고, 이때부터 일인의 울릉도 출입도 빈번해졌다.[13] 울릉도 개척과 함께 들어온 일인들이 벌목과 어로활동에 종사하면서 한국과 경제적인 이해문제로 계속 충돌하자 한국정부는 일본에 항의를 하는 등 적극적인 영토주권 수호에 나서게 되었다.

아관파천을 계기로 한국 내 러시아의 영향력이 점차 커져가는 속에서 한국은 러시아에 울릉도 삼림벌채권을 이권 중의 하나로 양여하였다. 때문에 1896년 이후에는 울릉도의 관리와 이권을 둘러싼 상황이 좀 더 복잡해졌다. 러시아는 울릉도 삼림벌채에 대한 권리를 얻은 후 벌목을 개시하고자 하는 뜻을 이완용 외부대신에게 전달해 왔다.[14] 곧이어 러시아는 일인이 오랜 기간 울릉도에서 불법적으로 벌목을 해온 사실을 지적하면서, 이를 자국에 대한 경제적 침해로 인식하고 일본 정부에 강력 항의하였다.[15] 바야흐로 울릉도 문제는 한·러·일 삼국의 문제로 비화되기 시작하

---

12) 『고종실록』 고종19년(1882) 6월 16일·7월 10일.

13) 유미림, 2012 「수세(收稅) 관행과 독도에 대한 실효지배」『영토해양연구』4집, 90~92쪽.

14) 『구한국외교문서』<俄案>1, 1897년 3월 23일 <鬱陵島伐木을 위한 地方官에 對한 發訓要請>.

15) 러시아는 부동항을 구하기 위해 남하정책을 지속적으로 펴오는 속에서 울릉도가 가진 전략적 가치에 대해 인식하게 되었고, 울릉도가 일본의 관리 하에 장악되는 것을 방지하고자 하였다. 이에 대한 연구로는 송병기, 2007 『울릉도와 독도』, 단국대학교 출판부; 김호동, 2011 「독도와 울릉도를 둘러싼 러·일의 각축과 조선의 대

였던 것이다.

대한제국기에 들어와서 정부는 울릉도에 본토인으로 도감 1인을 택차하여 일인의 불법적인 벌목에 대한 관리를 강화시켜 나갔다.[16) 도감제는 특히 근대적인 영토수호의식의 발로에서 나타난 것으로, 그동안의 空島 정책에서 벗어나 적극적으로 통치영역 안에 포함시키는 정책을 구현한 것이라는 점에서 의미가 크다. 그러나 일인의 울릉도 삼림벌채와 어로활동으로 야기된 한국 및 러시아와 일본 세 나라간의 항의와 갈등은 지속되었다. 러시아는 한국정부에 일인 수백 명이 울릉도에 이주해와 삼림을 벌채하여 수송해 가는 폐해를 더 이상 방관하지 않겠다는 항의를 거듭 보내오고 있었다.[17) 한국은 러시아에 즉각 해명문서를 보내고, 관원을 파견하여 상황을 조사하는 한편 일인의 쇄환과 퇴거를 도모하였다.[18)

이즈음 울릉도에는 러시아 병정 30인이 섬에 들어와 일본의 천장절 봉축하는 국기를 파손하고 '이 섬은 러시아의 점령지'라며 거리낌없이 말하고 돌아다니는 모습이 목격되기도 하였다.[19) 병정들은 일인 30명과 한국인 40명을 해안에 세워놓고 촬영을 한 후 병사 15명을 남겨놓고 떠나는 등 울릉도가 마치 러시아의 속지나 된 듯이 거리낌 없는 행동을 한 것이다.

이러한 분위기에서 일본은 러시아의 울릉도 삼림벌채권을 인정하는 대신에 울릉도에서 일인의 주거권을 주장함으로써, 일인의 퇴거를 사실상 거부하였다.[20) 일본은 울릉도의 벌목과 주거권과는 관계가 없으며, 다른

응」『獨島硏究』제10호, 143~146쪽 참고.

16)『한국근대법령자료집』Ⅱ, <칙령 제12호 지방제도 개정>, 광무2년(1898) 5월 26일.

17)『구한국외교문서』<俄案>2, 1899년 10월 11일 <鬱陵島에서의 日人 伐採에 對한 對備策 促求>.

18)『구한국외교문서』<俄案>2, 1899년 10월 17일 <鬱陵島에서의 日人 伐採에 對한 對備策 解明>.

19)『황성신문』1899년 11월 28일 <잡보>.

외국인도 많이 있는 가운데 일인만 철수할 이유가 없다는 논리로 접근하
였다. 즉 일본은 울릉도 벌목이 어렵게 되면 차선책으로라도 이미 울릉도
에 들어와 있는 일본 어민들에게 어로활동을 보장해 주면서 일인 어촌을
형성시키고자 하였다. 일본은 하야시 곤스케(林權助) 공사를 통해 '본방
인들을 울릉도에 거주시키는 것을 한국에 승인받도록'[21) 하는 일본정부
의 외교적 방침 속에 움직이고 있었다. 이는 일본이 울릉도를 부분적으로
차지해 가는 길이기도 하였고, 이를 빌미로 울릉도 경영에 대한 발언권을
높이는 수단이 될 수 있었다.

한국은 울릉도에서의 일인의 철수만 일방적으로 요구하다가 다른 외국
인과의 형평성 논리에 밀려 즉각적으로 대응할 방법을 찾지 못하였다. 이
미 일본의 전략에 밀린 대한제국 정부에서는 일인의 철수를 여러 차례 요
청하면서 우용정을 울릉도 시찰위원에 임명하여 파견하였다.[22) 우용정은
울릉도를 행정구역상 군으로 승격시키는 것이 외교상의 문제에도 대처하
고 관리에도 유익하다고 판단하여 관제개편을 건의하였다. 이에 정부에
서는 "울릉도를 울도로 개칭하고, 군수는 울릉전도 외에 죽도 및 석도를
관할한다"[23)는 칙령 제41호를 통해 울릉도를 군으로 승격시킨 후 행정경
비는 해당 도에서 수세하여 마련할 것을 정하였던 것이다.

수세는 기본적으로 내국인들을 대상으로 한 것이지만, 당시 일인들이
울릉도와 독도 해역에서 전복, 우뭇가사리, 해삼, 오징어, 강치 등을 채취

---

20) 『구한국외교문서』<日案>4, 1899년 10월 25일 <鬱陵島違法入住日人一體退去
不應의件>.

21) 『주한일본공사관기록』14, 各領事館機密來信 一·二 기밀제6호, <日韓官吏鬱陵
島出張二關スル件>, 1900년 5월 21일.

22) 『관보』광무3년(1899) 12월 19일.

23) 『한국근대법령자료집』Ⅲ, <칙령 제41호 鬱陵島를 鬱島로 改稱하고 島監을 郡守
로 改正하는 件>, 광무4년(1900년) 10월 25일, 227~228쪽.

해 가고 있었기 때문에 이에 대한 징세를 확실하게 하기 위한 목적도 들어 있었다. 일인들은 1880년대 후반부터 울릉도 거주권과 경제활동을 보장받기 위해 벌목료와 납세를 자원했고, 수출세 명목으로 2%의 세금을 납부해 왔다. 그러나 자국의 세력이 강해지자 비개항장 통상이 불법이라는 조약을 빌미로 납세관행을 지키지 않으려 했다. 이에 대한제국 정부는 우용정의 보고 후 칙령을 통해 수세조항을 명기함으로써 징세권을 공식적으로 발효시켰던 것이다.24)

그동안 강원도와 전라도를 비롯한 동남해 어민들은 울릉도에서 전복과 미역 등을 채취하면서 造船의 이득을 얻기 위해 왕래하였다. 그런데 정부가 주변의 어민들에게 세금도 부과하고, 무분별한 벌목은 물론, 조선도 금지시키게 되자 울릉도와 독도 해역에서의 활동은 줄어들 수밖에 없게 되었다.25) 때문에 울릉도를 울도군으로 격상시켜 울릉전도와 죽도 및 석도를 관할한다는 칙령은 발표하였지만, 이는 정작 어민들을 위한 정책은 아니었다. 세금압박에 따른 곤란과 법조항을 지킬 수밖에 없는 상태에서 한국어민은 울릉도 상에서의 어로활동이 위축되었고, 조선기술에서도 일본에 밀릴 수밖에 없었다.

울릉도와 독도가 한·러·일 삼국에 또다시 주목된 시기는 러일전쟁 기간이었다. 일본은 러일전쟁의 승기를 타고 러시아의 울릉도 삼림 벌채권

---

24) 유미림, 앞의 논문, 113~114쪽.「울도군 절목」에 명기된 "외지로 출입하는 화물은 물건값에 따라 100분의 1세를 거둬 경비에 보탤 것"이란 조항은 한국민을 대상으로 한 것이며, 외국인 대상의 수세조항은 아니라는 분석도 있다(김호동, 2013「'울도군 절목'을 통해 본 1902년대의 울릉도 사회상」『장서각』30). 그러나 수세가 비록 내국인에게만 해당된 것이었다고 할지라도, 일인들이 울릉도에서의 생활을 보장받기 위해 스스로 한국의 납세 체계 안으로 들어와 있었던 상태이기 때문에 이들까지도 수세대상 안에 포괄 상정한 것으로 간주할 수 있다.

25) 김호동, 앞의 논문(2011), 149쪽.

을 폐기하게 하는 노력을 기울임과 동시에,[26] 전략기지로서 독도를 활용할 방안을 만들어 내었다. 러일전쟁이 한창인 1904년 10월에 러시아의 발틱 함대가 동해를 향해 출항하는 속에서 일본은 독도에 망루를 설치하고자 하였다. 해전에서 재빨리 적함을 발견하고 연락을 취하기 위해서는 통신이 중요했으며, 해저전선 부설의 필요에 따라 독도의 전략적 가치도 커질 수밖에 없었다.[27]

1904년 7월에 이미 울릉도에 망루 설치를 끝낸 일본으로서는 대한해협의 제해권을 확보함은 물론, 러시아 군의 동태를 살피기 위한 최첨병으로서의 독도경영이 필요했다고 볼 수 있다. 이는 곧 러시아의 동해로의 종단을 차단하는 방편이기도 했다. 때문에 독도를 무주지 선점의 논리로 접근하여 시마네현에 편입시켰던 것이다.

일본은 독도를 편입시킨 후 울도군수 심흥택에게 "독도는 물론 울도 역시 일본의 점령지"라 운운하며 호구와 토지조사를 진행해 나갔다. 대한제국 내부에서는 심흥택에게 "점령하였다는 말은 근거가 없는 일로서 일본 이사에게 교섭하여 처리할 것"[28]을 훈령하고 있다. 이 시기는 이미 외교권을 상실한 상태에서 공문서로 확인해 보라는 상부의 명령만 있을 뿐, 어떠한 대책도 세울 수 없는 상황이었다. 이후 일본의 한일병합이 가속화하면서 일본의 독도침탈은 병합의 한 단계로 귀결되었을 뿐, 한국정부가 목소리를 낼 여지는 남아있지 않았다.

이를 통해 보면 대한제국은 울릉도와 독도가 육지와는 멀리 떨어진 섬

---

26) 일본은 한국에 러시아의 울릉도 삼림벌채권을 무효화한다는 내용이 포함된 '勅宣書'를 발표하게 함으로써 러시아를 울릉도의 경제적 이권으로부터 배제시키는 한편, 이 지역을 전략적 기지로 활용하였다. 이에 대한 내용은 최문형, 1985 「러시아의 울릉도 활용기도와 일본의 대응」 『독도연구』 참조.
27) 박병섭, 2011 「러일전쟁과 독도의 가치」 『獨島研究』 제10호, 222~227쪽.
28) 『제국신문』 1906년 5월 1일 <잡보>.

이긴 하지만, 일찍부터 우리의 영토로서 적극적으로 경영하려는 정책과 의지를 가지고 있었던 것으로 파악된다. 그러나 일본과 러시아 등 강대국들의 힘의 논리와 침탈 앞에서 외교적인 노력은 한계가 있었던 것으로 보인다. 더욱이 일인의 불법 벌목과 어로행위의 금단을 요구하는 속에서 현지어민들에게도 세금을 부과하고 벌목과 造船을 금지하는 등 우리 도민들의 생태 역시 어렵게 만드는 결과를 초래하게 되었다. 따라서 울릉도를 출입하는 주변 도민들은 정부의 정책과 파견관원에 대한 불만을 호소하는 한편으로, 섬의 자원을 침탈하려는 일인들과 생존을 위한 치열한 경쟁에 내몰리고 있었던 것으로 볼 수 있다.

2. 울릉도를 둘러싼 한일간의 갈등과 정부의 대응

1895년 8월 내부대신 박정양이 울릉도에 도감을 설치하자고 상주한 이래, 대한제국이 들어선 이후 칙령을 통해 도감을 설치하게 된 때는 1898년 5월이었다. 울릉도는 개항장이 아니기 때문에 외국인 거주는 불법이었고, 어로활동 역시 용인되지 않는 바였다. 「한일통상장정」 제33관에 의하면 通商口岸이 아닌 곳에서의 통상은 금하고 있었으나, 일본은 어로활동과 교역이 가능한 해안이 조성되는 곳이면 어느 곳에서나 어로행위와 군집생활로 한국어민들과 충돌을 일으키고 있었다.[29]

울릉도 거주민이 늘어나고 있고, 일본 어민들의 집단생활도 점차 늘고 있는 상황에서 양국간 어로행위와 벌목, 교역을 둘러싸고 충돌이 일어나

---

29) 일본어민들은 통상활동이 자유로운 부산과 인천 외에도 강원도 강릉군 주문진까지 일본상선을 타고 들어와 몰래 교역활동을 하는 등 전국적으로 통상의 범위를 넓혀가고 있었다.—『江原道來去案』(奎 17985) 제2책, 1903년 12월 14일 <訓令 제1호>.

리라는 것은 충분히 예견할 수 있는 일이었다. 한국정부는 앞에서 살핀 바와 같이 울릉도에 도감을 파견하여 다스리다가, 군으로 승격시킨 이후에는 군수를 파견하여 군민을 통할하였다. 양국간 경제적인 이해문제로 잡음이 일어나면 그때그때 일본공사에게 조회하여 시정하고 금단시킬 것을 요구하는 것이 한국정부가 세울 수 있는 대책이었다.

울릉도의 개척민으로 첫 도감이 된 배계주는[30] 일본어민들의 남획과 남벌을 바로잡고자 "본도는 비통상항구인데 일인들이 섬의 槻木을 마음대로 작벌하여 임의로 잠매하고, 도민들도 위협하는 등 무뢰한 행동을 한다"[31]며 이를 일본공사에게 조회하여 금단시켜 달라는 보고서를 내부에 여러 차례 올렸다. 또한 "보고를 접한 우용정 시찰관이 울릉도에 들어와 실상을 조사하고 돌아갔으나, 그 다음날 일인의 작벌이 더 심해지고 있으니 이를 금지시켜 달라"[32]는 보고서를 올리기도 하였다. 배계주의 보고서를 접수한 내부에서는 외부를 통해 일본공사에게 조회하도록 하여, 일인의 불법벌목행위와 교역을 중지시켜 줄 것을 요구하였다.

일본을 상대로 실제 우리 정부가 구체적인 요구를 하고 있는지의 여부에 대한 여론의 관심도 높아져서 신문보도 내용을 통해 이 문제를 확인하는 사례가 생기기도 하였다. 즉 내부에서는 "오늘 제국신문을 열람한즉 울릉도 사건에 대하여 일본공관에서 외부에 移會가 있다 한 바, 정확한

---

30) 배계주는 영종도 출신이자, 울릉도의 개척민으로 울릉의 정세를 누구보다 잘 알고 있었다. 그는 일인의 불법 목재 송출에 대해 소송을 할 정도로 국가이익 수호에 앞장섰으며, 일본어에 능통하다는 이유 등으로 울릉도 도감과 군수지위에 두 차례 이상이나 올랐다.―김호동, 앞의 논문(2013), 119~120쪽; 『주한일본공사관기록』16, 本省機密往信 一·二 기밀 제133호, <鬱陵島在留民取締ノ爲㇒警察官派遣ノ件上申>.

31) 『內部來去文』(奎 17794) 제11책, 1898년 2월 9일 <照會 제1호>.

32) 『內部來去文』 제13책, 1900년 7월 5일 <조회 제14호>.

것이면 문부를 謄交해 달라"[33])며 외부에 조회한 적도 있었다. 이는 결국 내지에 몰래 기거하는 외국인을 조회한 것일 뿐 울릉도 건은 철회 중인 상태로 알려져 사실이 아닌 것으로 드러났다. 그러나 울릉도와 관련된 사안은 수면 위로 문제가 불거질 때마다 신문기사로 다뤄질 정도로 첨예한 관심사가 되고 있었음을 엿볼 수 있다.

내부에서 외부를 거쳐 수차례의 문서가 일본공사에게 조회되었음에도 불구하고, 이 문제의 해결을 위해 일본이 보인 태도는 그다지 적극적이지 않았다. 일본 공사를 통해 울릉도에서의 일인들의 정황을 조사하겠다고는 했으나 이를 위해 영사관원을 울릉도에 파견하는 과정에서 풍랑이 일어 하륙하지 못하고 다시 돌아왔다며 후일을 기약하겠다는 경우와,[34] 배계주의 보고서에 따라 일인을 철환하기 위해 일본공사에게 조회해 줄 것을 요청했으나 2개월이 지나도록 照覆이 없는 경우도 있었다.[35] 또한 "애당초 한국정부가 일본공사에게 조회하여 처판해 달라는 사실이 한 번도 없었다"[36]며 발뺌하는 경우까지 생겨났다.

더욱이 일본정부는 일인이 울릉도에 들어간 지 십 수 년이 되었고 이는 도감이 묵인하고 허가한 것이라는 점, 남벌이라고는 하나 도감이 의뢰했거나 합의하고 매매한 것이 분명하다는 점, 일인과 도민간의 상업도 도민의 희망에 의한 것이므로 도감이 수출입화물에 세금을 징수하면 될 것이라는 점, 도민의 육지로의 교통은 일인들에 의해 편의를 얻고 있다는 점 등을 들어 일본어민의 철수요구를 거부하였다.

이에 대해 한국 정부는 "이 섬은 원래 荒山으로 우리가 개척한 것이 18

---

33) 『內部來去文』 제12책, 1899년 11월 27일 <조회>.
34) 『구한국외교문서』 <日案>4, 1899년 9월 16일 <同上不法日人措處指示와 再答約束>.
35) 『內部來去文』 제13책, 1900년 8월 27일 <조회 제17호>.
36) 『內部來去文』 제15책, 1903년 8월 12일 <조회 제8호>.

년 되었고, 일인이 래왕한 것은 5~6년 혹 3~4년 밖에 되지 않았다는 점, 비통상구안에 거주하며 偸運하는 것은 위법이라는 점, 합의매매라고 하지만 전 도감 배계주의 일시 과실을 핑계 삼아 남벌을 하고 있는 점, 수출세 100분의 2를 거두는 것은 벌로 징수하는 것이지 화물세로 징수하는 것은 아니라는 점, 도민은 오히려 일인들로 곤란을 겪고 있다는 점"37) 등을 들어 반박하였다.

대한제국은 울릉도에 대한 영토주권을 행사하기 위해 이같이 수차례에 걸쳐 일본정부를 상대로 일인의 어로활동과 벌목금지, 나아가 일인들의 철거와 쇄환을 요구하였지만 이를 끝내 성사시키지 못하였다. 한국은 일본이 울릉도에 있는 외국선교사들은 가만 두고 왜 일인에게만 퇴거를 요구하느냐며 항의하는 데 대해 "갖은 행패를 부리는 일본 무뢰배들을 외국선교사와 비교할 수는 없으며, 일본 상민이 비통상구안으로 偸運하면 붙잡아 징벌할 수도 있으나 양국의 敦誼를 고려하여 철거만 요구하는 것인데 일본공사가 이 자체를 조약에 없는 내용으로 돌리니 이는 일본의 부끄러움이 되는 것이라"38)며 강하게 반박하였다. 즉 도감의 사전승인과 오래된 관행, 양국간의 공생관계를 강조하는 일본의 논리를 조목조목 반박하며 일인의 철거를 주장했던 것이다.

이같이 양국간에 오간 외교문서의 이면에는 배계주 도감이 점차 늘어나는 일인의 교역에 대해 화물과세를 부과해왔고, 조선 정부에서는 불법임을 알면서도 이전 시기부터 행해지던 수세관행임을 인정하고 도감의 징세권을 묵인해 온 사실이 확인된다.39) 오히려 정부차원에서 일인의 화

---

37) 『주한일본공사관기록』 15, 外部來信 照覆 제64호, <울릉도 일인퇴거불응에 대한 논박>, 1900년 9월 7일.
38) 『內部來去文』 제13책, 1900년 10월 2일 <조회 제19호>.
39) 비개항장인 울릉도에서 도감이 일인들의 불법교역을 눈감아주는 대신 이들로부터

물과세를 2%로 정하고 도감이 거둔 수세금을 관리하려 했으나, 도감은 일인 교역의 불법을 눈감아주고 세금을 받는 대신 영수증을 받지 않는 등 증거를 남기지 않았다.[40]

따라서 수세금의 정확한 규모도, 중앙에 납부했는지의 여부도 분명하지 않다. 다만 일인이 울릉도 해역에서의 어업활동을 보장받기 위해 우리 정부의 조세체계 안에서 관리받고 있었던 사실은 분명하게 드러난다. 이런 상황에서 한국은 우용정의 건의로 외교문제에 탄력적으로 대응하고자 울릉도를 군 체제로 승격시켜 확실하게 통할하려는 정책을 펼쳤으나, 큰 실효가 있었던 것으로 보기는 어렵다.

이에 비해 일본은 도감 및 군수를 비롯한 울릉도 어민들이 비통상구안에서 오랫동안 관행적으로 일본어민들과 밀교역을 해오고 있었던 사실들을 트집잡으면서 한국 측에 곤란한 문제를 야기시켰다. 일인들이 밀교역을 하는 댓가로 도감에게 세금을 내고, 도감은 불법을 묵인해주는 댓가로 세금을 받아온 것에 대해 이를 허가받은 합법 행위로 인정받으려 했던 것이다. 한일간의 입장차이가 이처럼 현저한 속에서 양국간의 갈등은 지속될 수밖에 없었다.

세금을 받아 착복하는 등 사실상 공생관계에 있었음을 밝힌 연구로는 박병섭, 2010 「한말의 울릉도 어업과 독도 영유권 문제」『獨島硏究』8호; 유미림, 앞의 논문 등이 있다.

40) 유미림, 앞의 논문, 95쪽.

3. 울릉도 파견관원의 실상과 도민과의 관계

울릉도 도감이 불법인 것을 알면서도 일인들에게 교역을 눈감아 주는 대가로 수세를 하는 등 경제적인 수입을 올리기 위해 고심한 배경은 무엇일까? 여기에는 열악한 도감의 처지가 가장 큰 원인으로 작용되었던 것으로 보인다. 당시 울릉도 도감은 "도민에게 봄에 보리 두 말, 가을에 콩 서 말씩을 거두는"[41] 것으로 생활을 하고 있었다. 「울도군 절목」[42]이 공포되는 1902년 4월에 가서야 군수의 급료를 봄에는 보리 60섬, 가을에는 콩 40섬으로 규정하고[43] 있어 그 이전에는 제대로 된 월봉을 받았다고 보기 어렵다.

따라서 도감은 정부로부터 봉급도 변변히 받지 못했고, 도민들로부터 거둬들이는 얼마간의 수입으로 생활을 영위하였으므로 가난하였으며 세력이 없었다. 막강한 권력 또한 가지고 있지 않았다. 때문에 도민 대부분은 도감의 명령을 크게 따르지 않았다.[44] 도감의 경제적인 궁핍은 도민을 상대로 한 토색으로 이어지기 쉬웠다. 일본어민과의 교역세를 받아 사적으로 유용하는 경우가 생긴 것은 이 같은 도감의 열악한 처지와 무관하지

---

41) 『제국신문』 1900년 10월 13일 <잡보>.

42) 「鬱島郡 節目」은 배계주 울도군 군수가 1902년 작성하여 내부에 올린 문건이다. 이를 통해 대한제국이 독도를 실효지배한 증거로 보는 연구논문이 있는 반면(김영수, 앞의 논문; 유미림, 앞의 논문), 절목 자체가 대한제국 정부가 내린 행정지침이 아니라 배계주 스스로 울도군의 郡規 마련을 위해 만든 것이므로 독도영유권과 관련시켜 해석할 수 없다는 입장(김호동, 앞의 논문(2013))도 있다. 그러나 내부에서 절목에 '後錄'을 붙여 배계주에게 내려 보낸 이상 정부 차원의 문건으로 볼 수 있으며, 군수 경험이 있는 배계주가 울릉도를 통치하기 위해 필요한 제반사항을 담아 규칙을 제정하기 위해 만든 문건이라는 점에서 의미가 크다고 할 수 있다.

43) 「鬱島郡 節目」後錄.

44) 『주한일본공사관기록』 14, 機密京 제17호 별지2, <鬱陵島調査槪況> 제4 '島治', 1900년 6월 12일.

않은 것으로 보인다.

대한제국 칙령 제41호에 의해 도감제가 군수제로 승격된 이후 초대 울도군수가 된[45] 배계주는 수세문제로 도민들과 자주 말썽을 빚었다. 당연히 배도감과 도민들 사이도 썩 좋지 않았던 것으로 보인다. 당시 신문에는 도감이 세금을 두 배로 거둬들여서 도민들이 환산하는 실태를 내부에 전보했다는 내용이 기사화되기도 하였다.[46] 특히 "배계주와 최병린이란 자가 토색하여 주민 백여호가 환산할 지경이니 정부에서는 시찰사를 파견하여 도민들의 삶을 안업케 하여 달라"[47]며 통촉하는 기사도 신문에 게재되고 있었다. 이를 통해 도민들을 상대로 한 수탈상과 도감에 대한 도민들의 인식이 어떠했는지를 엿볼 수 있다.

도민과의 마찰과 불법 수세문제로 배계주는 잠시 군수 자격을 상실하기도 하였다. 그러나 평리원에 구속된 후에도 그는 "오래 도임하지 않아 경내 삼림을 일인이 임의로 작벌하며 경찰서를 설시하고 백성을 무란이 착거한다"[48]며 법부에 청원하는 등 일인의 행패를 최대한 막아보고자 하였다. 도감과 군수로 재직하면서 이처럼 일인의 벌목을 금지시키고, 일인의 행패를 금단하는데 앞장선 공로를 인정받았기 때문인지 1902년 3월에 배계주는 울도군수에 재임용되기도 하였다.

반면 도민들은 배계주를 비롯한 군수 이하 향장 세력에 대해 기본적으로 불신감을 표출하고 있었다. 특히 도민들에게 과도하게 세금을 걸고, 군수로 임명이 된 후 제 날짜에 부임하여 오지 않는다든지 하여 군수에 대한 도민들의 인식은 매우 부정적인 편이었다. 또한 "울도 군수로 발령

---

45) 『승정원일기』 광무4년(1900) 11월 26일; 『官報』 광무4년(1900) 11월 29일.
46) 『제국신문』 1901년 5월 4일 <잡보>.
47) 『제국신문』 1901년 5월 14일 <잡보>; 7월 26일 <잡보>.
48) 『제국신문』 1902년 10월 30일 <잡보>.

을 받고 5개월이 지나도록 도임하지 않는 가운데 잡류배들이 군수의 경비라며 민간에 배렴하는"[49] 행위들로 인해 도민들의 원성은 점점 더 커지고 있었다. 관리로 임명되고도 부임지로 바로 떠나지 않은 채 서울 일원에 머물러 있는 경우는 울도 뿐만 아니라 전국적으로 자주 볼 수 있는 현상이었다. 특히 울도는 거리상 멀리 떨어진 도서지역이라는 점 때문에 발령을 받고도 곧바로 부임하지 않는 경우가 많았다.

이러한 이유로 울도의 민들은 관리에 대한 기대와 신뢰감을 잃어갔음은 물론, 군수가 없는 틈을 타 탐학무뢰배들이 권력을 빙자하여 도민들을 수탈하는 데에 대해 극도로 분개하고 있었다. 도민들의 분노는 집단행동으로 표출되기도 하였다. 李能海란 자가 사검관을 자칭하여 섬에 들어와 곽세를 견탈해 가고, 주민 許表를 옥에 가두기도 하자 도민 여러 명이 내부로 청원서를 보내 호소하는 경우까지 생겨나고 있었다.[50] 이보다 앞서 궁내부 사검관 이능해는 "울도에 군을 설치한 지 오래이나 校吏와 奴令이 아직 없고 군수도 부임하지 않은 상태라 일인이 무단으로 警署를 신설하여 아국인을 핍박한다"[51]는 보고서를 강원도 관찰사 앞으로 올렸다. 두 내용을 종합해보면 군수가 없는 울릉도에 사검관이 파견되었지만, 그 또한 관리들이 없는 틈을 타 과도한 수세를 하고 있었음이 드러난다.

「울도군 절목」이 만들어질 1902년 당시 울릉도의 호수는 5백여 호가 되는 상황에서 울도군을 다스리는 관리는 군수 이하 행장 1명, 서기 1명, 사령 3명 뿐이었다. 더구나 절목을 만든 배경 자체는 "몇몇 패민들이 유언비어를 퍼뜨려 도민들을 선동하니 본부에서 방략을 강구하고 郡規를 확립하지 않을 수 없었던"[52] 데에 있었다. 이로 보아 군수는 도민들이 꼭

---

49) 『제국신문』 1902년 2월 20일 <잡보>; 4월 1일 <잡보>.
50) 『江原道各郡訴狀』 3책 (奎 19156), 1902년 11월.
51) 『江原道來去案』 제2책, 1902년 9월 15일 <보고서 제2호>.

지켜야 할 규칙을 담은 '절목'을 별도로 만들어 공포해야 될 정도로 대민 통제가 어려운 입장에 있었던 것으로 보인다. 따라서 몇 명 안 되는 관리들과 함께 도민들의 불만을 해소하고 이들을 통치해 나가기는 더욱 어려운 여건이었음을 짐작할 수 있다.

도민들을 보호하고 도의 행정을 총괄하기 위해 파견된 군수가 "일인에게 나무를 방매하고, 각종 이권을 일인에게 준 사실로 경무청에 붙잡혀 들어갔다"53)는 기사는 신문에 종종 보도되고 있었다. 군수가 일본어민과의 불법교역을 통해 생계에 도움을 받고, 법에 허용되지 않은 외국인을 상대로 수출세를 징수하여 제반경비를 조달하는 등의 일은 그들의 열악한 사회경제적 처지에 기인한 것이긴 해도 도민들로부터 신망을 잃는 행위로 연결되기 쉬웠다.

울릉도에 보다 많은 일본민을 이식시킴으로써 영토에 대한 권리를 요구하려 했던 일본정부 입장에서는 군수의 수세행위를 은근히 환영하는 입장이었을 수 있었다. 그들은 개항장이 아닌 울릉도에서 외국인이 거주하는 것은 불법임을 알고 있었고, 군수의 불법 수세행위는 그를 옥죄는 일종의 수단이 될 수도 있다는 것 또한 알고 있었다. 배계주를 비롯한 정부측 관리들이 지속적으로 일본의 불법교역을 지적하고, 일본어민을 본국으로 송환할 것을 요청해도 일본이 꿈쩍도 하지 않은 이유는 바로 이와 같은 뿌리 깊은 관행을 타파하지 못할 것임을 예상한 측면도 있었다.

---

52) "…數三悖民 興訛梗化 煽動居民 則不可不自本部 講究方略 確立郡規…" ─ 「鬱島郡 節目」
53) 『제국신문』 1902년 7월 2일 <잡보>.

4. 일본의 세력확대와 자원침탈에 대한 인식

울릉도와 독도에 일본 밀어자들의 수가 점차 증가하고 이들에 의한 자원침탈이 확대되면서 한국정부는 수차례 외교통로를 통해 일인의 쇄환을 도모하였지만, 일본의 세력은 더욱 확대되기만 하였다. 그에 따라 자원침탈도 다양하게 진행되고 있었다. 일인이 처음 울릉도에 건너오게 된 것은 1891년 黐(치, 끈끈이 식물)를 제조하기 위해 7명이 도항한 것이 시초라는 보고가 있다.[54] 일인의 입장에서는 울릉도가 天草(우뭇가사리)와 전복을 비롯한 어종이 풍부하고, 大豆(콩)와 麥(보리) 등 농산물은 물론, 槻木을 비롯한 임산물도 풍부하기[55] 때문에 수시로 건너오는바 되었다.

초기의 일인들은 울릉도민들과 필요한 물산들을 자연스럽게 서로 교역하며 지냈던 것으로 보인다. 울릉도의 수출품은 콩, 보리, 鮑(전복), 우뭇가사리, 끈끈이 등이었다. 이와는 별도로 槻木材도 중요하게 취급되고 있었다. 반대로 수입품목은 綾木綿, 金巾綿을 비롯한 기타 음식용품이었다. 일인들이 울릉도에서 다양한 품목들을 수입해 온 것은 섬에 있는 일인들의 소용에 제공도 하고, 한국의 콩과 보리 등과 교환하기 위한 것이었다.[56]

문제는 일인과 도민간의 수출입 규모가 점차 커지면서 그에 따라 불법교역의 범위도 넓어진다는 데 있었다. 전복과 우뭇가사리, 끈끈이 등은 일인이 직접 채취하여 가지고 들어오기도 하였기 때문에, 동일한 해역과

---

54) 『주한일본공사관기록』 14, 機密京 제17호 별지2, <鬱陵島調査槪況> 제5 '在島日本人', 1900년 6월 12일. 기존의 연구에는 울릉도에서 일인 어로가 처음 시작된 것은 1879년이고, 울릉도민에 의해 목격된 것은 1881년부터인 것으로 알려져 있다. —박병섭, 2009 『한말 울릉도 독도 어업』; 한우근, 1971 「개항 후 일본어민의 침투」 『동양학』 1 참조.

55) 위의 책, <鬱陵島調査槪況> 제2 '産物'.

56) 앞의 책, <鬱陵島調査槪況> 제3 '輸出入'.

동일한 품목에 대한 채취를 둘러싸고 점차 다툼이 일어나게 되었다. 더구나 1905년 이후가 되면 오징어 등에 대한 어업활동이 본격화되면서 일인들의 불법이주가 늘었고, 쌀과 같은 일상용품의 수입도 크게 늘어났다. 여기에다 대한제국 정부도 울릉도를 직접 관리하면서 목재개발 등을 고려하게 되었고, 영유권을 행사하는 속에서 일본과 마찰이 생기기 시작한 것이다.[57)]

울릉도 내 일인 거주자는 1903년 당시 63戶에 3~4백명 정도가 건너와 있는 상태였으며, 본국인 호수는 7백여 호에 3천 5백여 인구가 살고 있었다.[58)] 이 호수는 1909년이 되면 더욱 증가하여 한국인은 4,661인에 899호가 되었고, 일인은 713인에 호수는 213호가 되었다.[59)] 6년동안 한국인은 천여 명 증가하여 30% 정도 늘어난 반면, 일인은 50% 이상 증가하는 추세를 보였다고 할 수 있다. 1891년에 7명이 도항한 것을 기준으로 보면, 불과 20여년만에 100배나 많은 일인들이 이주해 살고 있었던 것이다.

일인들의 거주자 수를 보도하는 신문지상에서는 점차 수효가 늘고 있는 일인들이 세력을 확대하여 본국 주민들을 괴롭히고 능멸하는 사태가 생기지 않을까 우려하는 목소리도 나오고 있었다.[60)] 울도의 상황은 본국인 호수와 일인 호수 외에도 매매물건은 콩이 많고, 항구에 드나드는 배로는 일본 배가 제일 많다는 사실 등이 보도되고 있었다. 울릉도와 독도 해역이 풍부한 물산으로 한국의 주요한 생활권역의 하나가 되었고, 대한제국 정부가 행정구역을 재편하여 관리하고 있었던 만큼 이 지역에 대한

---

57) 김종준, 앞의 논문, 118~120쪽.
58) 『江原道來去案』 제2책, 1903년 10월 15일 <보고서 제4호>;『제국신문』 1903년 7월 2일 <잡보>. 1906년 9월 26일 <잡보>에서는 가호가 614호에 인구는 3천82호로 보도되고 있다.
59) 『황성신문』 1909년 5월 13일 <잡보>.
60) 『제국신문』 1903년 3월 27일 <논설>.

관심을 반영한 것이라 할 수 있다.

일본은 울릉도에 본국 주민을 이식시키면서 자국 인민이 점차 늘어나
자 주민보호라는 명분으로 1902년 1월 경찰관 주재소를 설치하여 경찰을
상주시키기 시작하였다.[61] 이는 하야시 공사가 외무대신 고무라 주타로
(小村壽太郎)에게 "자국민과 울릉도민간의 관계는 하루아침에 이루어진
것이 아니고 십수년에 걸쳐 왔으며 지금은 공생관계가 깊어졌다. 지금 울
릉도에 거류하는 일인의 수는 50~60인 정도 되므로 순사파출소를 설치하
고 순사를 파견하여 본국인의 행위를 감시하고 시찰하여야 할 필요가 있
다"[62]며 경찰관 파견의 필요성을 역설한 결과였다.

이에 대해 강원도 관찰사 김정근은 "한국정부가 일인의 경무서 설치를
인허하였는지, 인허했다면 왜 하였는지"[63]를 힐문하였고, 정부는 울릉도
의 경찰관과 거류민을 즉각 철수시킬 것을 일본에 요구하였다.[64] 일본은
한국의 거듭된 요구에 "본 도에 거류하는 본방인의 통제방법을 논의하면
서 박제순 외부대신과 협의한 결과이며 울릉도 개척은 일인 도항자에 의
해 완수된 것이라"[65]든지, "울릉도의 본방인 거주와 경찰관 상주는 보내
온 문서의 내용과 같지 않으며, 단순한 이유로 설치하였다"[66]라는 식으로
구체적인 답을 하지 않았다. 그들은 되도록이면 시간을 끌면서 외교적인
마찰을 피해 나갔다. 더욱이 울릉도를 개척하는 데에 일인들의 역할도 컸

61) 송병기, 2010 『울릉도와 독도, 그 역사적 검증』, 역사공간, 232쪽.
62) 『주한일본공사관기록』 16, 本省機密往信 一·二 기밀 제133호, <鬱陵島在留民
取締ノ爲メ警察官派遣ノ件上申>, 1901년 12월 10일.
63) 『제국신문』 1902년 9월 27일 <잡보>.
64) 『구한국외교문서』<日案>6, 1903년 8월 20일 <鬱陵島 日警官 및 居留民 撤收要求>.
65) 『구한국외교문서』<日案>6, 1902년 10월 29일 <鬱陵島 日人의 在留經緯와 撤收
拒否>.
66) 『구한국외교문서』<日案>6, 1903년 8월 24일 <鬱陵島 日官民의 撤收回避>.

음을 언급하면서 거주와 보호의 당위성을 은근히 시사하였다. 한국정부
는 국세가 미약하고, 도민보호를 위해 투입할 무력이 준비되지 못한 상황
에서 외교적인 노력을 기울이는 외에는 달리 방법이 없었다.

자국의 공권력을 배후에 둔 일인들의 세력확대 양상은 다양하게 나타
났다. 일본과의 통상장정에 따라 통상구안이 아닌 곳의 땅은 매입할 수
없음에도 일인들이 울릉도 도동에 상점가옥을 짓겠다고 억지를 부린다거
나,67) 일인 무뢰배들이 집단으로 거주하면서 주민을 능욕하며 임의로 착
거하는 등68) 점점 거칠고 난폭해져 가고 있었다. 일인들은 여의치 않으면
창과 칼을 휘두르고 마음대로 폭동을 일으켰기 때문에 도민이 모두 놀라
달아나 버릴 지경이었다.

여기에 더하여 일본정부는 자국인민 보호를 빙자하여 도민을 임의로
연행하였고, 주객이 전도되어 오히려 일인들이 한국 백성을 축출하고 나
무 한 그루도 작벌하지 못하게 하는69) 지경에까지 이르렀다. 도민들은 일
인들이 경무서에 백성을 임의로 착수해 가도 군수가 제 때 도임하지 않아
호소할 곳조차 없는 지경이었고, 억울한 일을 거꾸로 일본 경찰에 호소하
는 일조차 생겨나기 시작하였다.70)

일인의 자원침탈도 비교적 손쉽게 이루어지고 있었던 것으로 보인다.
이들은 배를 타고 일본 본토를 마음대로 왕래할 수 있었기 때문에 물화를
쉽게 반출해 나갈 수 있었다. 그들은 육지와의 왕래에 風帆船 11척을 두
어 사용하고 있었다. 평균 100석을 싣고 내외항구를 드나들었으며, 풍랑
이 높을 때는 왕래를 멈추거나 줄이는 식으로71) 운항을 하고 있었다.

---

67) 『江原道來去案』 제2책, 1903년 11월 27일 <보고서 제7호>.
68) 『제국신문』 1902년 10월 15일 <잡보>.
69) 『제국신문』 1902년 3월 1일 <잡보>;『황성신문』 1902년 5월 1일 <논설>.
70) 『제국신문』 1902년 9월 27일 <잡보>.

　반면 한국은 변변한 배가 없었고 일본 배를 의지하는 경우도 다반사였기 때문에, 이들의 침탈 앞에 속수무책일 수밖에 없었다. 우리는 배를 만드는 기술과, 자본력에서 일본에 뒤져 있었다. 울도군수 심흥택은 울도군의 인민이 육지로 래왕하는 불편을 최소화하기 위해 일본 풍범선 한 척을 1,100원에 매득하기도 하였지만,[72] 제대로 운항은 되지 못한 것으로 보인다.[73]

　일인들의 자원 침탈에 대해 대한제국의 관료와 민들은 일반적으로 우리 땅에서 나는 귀중한 자원을 가만히 앉아서 빼앗길 수는 없다는 입장이었다. 도감 배계주도 내부로 올리는 보고서에서 "울릉도의 수비가 느슨해지자 일인 작벌이 또 자심해지니 앉아서 빼앗길 수는 없다"[74]는 생각을 피력하였다. 울릉군수 심흥택은 "불통상내지에 외국 警署가 어떤 조약문구에 근거가 있는 것이냐"며 경서관원을 즉각 소환할 것을 주장하면서 "산천초목이 본직의 管領이 아닌 것이 없어 앞으로는 전처럼 작벌하지 못할 것이라"[75]는 의지를 다지기도 하였다.

　일인이 경찰력을 등에 업고 오히려 한인들의 나무작벌을 방해하는 작태에 대해 당시 언론에서는 "울릉도 거주 일인은 한인의 5분지 1에 불과할 뿐인데도 속수무책으로 당하고 있고, 혹 일인에 붙어 우리 백성에게 피해가 돌아가게 하는 자도 있으니 이러한 사람이 道에 있으면 도에 폐해가 돌아가고, 省에 있으면 성에, 나라에 있으면 나라에 폐해가 돌아가나

71) 『주한일본공사관기록』14, 機密京 제17호 별지2, <鬱陵島調査槪況> 제5 '在島日本人'.
72) 『제국신문』 1903년 3월 31일 <잡보>.
73) 울릉도 상민이 주동이 되기도 하고, 울릉도 시찰관 우용정이 자금을 융통하기도 하는 등 울릉도와 내륙간 통항할 기선을 마련하기 위해 부심했으나, 모두 실행으로 옮겨지지 못하였다.―김종준, 앞의 논문, 127쪽. 아마도 한국의 자금력과 기술부족으로 그때마다 무산된 것으로 보인다.
74) 『內部來去文』 제13책, 1900년 3월 14일 <조회 제6호>.
75) 『內部來去文』 제15책, 1903년 8월 12일 <조회 제8호>.

니 이는 울릉도 3천 인의 고통에서 끝나는 것이 아니라 전국 천만 인의 공통된 아픔이니 통탄할 노릇이라"[76]며 국권이 나약하여 일인들에 수모를 받는 것으로 인식하고 있었다. 나아가 이 같은 근원의 싹을 잘라 퍼져 나가지 못하게 해야 하며, 우리 정부와 국민들은 우리 영토를 남의 나라에 빼앗기는 일이 없도록 해야 한다며 각성을 촉구하고 있었다.

또한 한국정부의 일인 쇄환 요구에 대해 일본이 퇴거에 반대하며 오히려 주거권을 주장하는 것에 대해서는 "어느 나라든지 강국이 약국에 대하여 무엇을 청구하기 시작하면 당장에는 거절할 수 있어도 몇 번을 청구하다 보면 결국 그 일이 성사되고야 만다. 우리나라에 일인이 우리정부 허가 없이 건너오듯 러시아도 만주를 자기네 땅으로 알고 좌지우지 하려 한다"[77]는 시각을 드러내고 있었다. 즉 러시아가 압록강 삼림벌채사업의 보호를 이유로 용암포를 조차하려 하듯이, 일본정부 역시 그들의 입장을 끝내 관철시킬 것으로 보았던 것이다.

이처럼 강대국 사이에서 한국정부가 제목소리를 내지 못하자 당시의 민들이나 언론에서는 대한제국이 개인의 재산권과 권리를 지켜주기에는 국가적 위상이 약하다는 데에 인식을 함께 하고 있었다.[78] 그들은 정부가

76) 『황성신문』 1902년 5월 1일 <논설>.
77) 『제국신문』 1903년 6월 6일 <논설>.
78) 민들의 국가에 대한 불신과 정부관료에 대한 불만은 울릉도에서 일어난 鹽商 金斗源 사건에서도 극명하게 드러난다. 원산의 소금 상인 김두원은 울릉도에 쌓아놓은 소금 더미를 몰래 일본으로 실어나른 후 종적을 감춘 일본상인을 대상으로 20여년에 걸치는 기간 동안 소송도 불사하며 수차례 한일 양국정부에 호소한 인물이다. 수년에 걸친 호소에도 해결의 기미가 보이지 않자 그는 조회에 출석하는 원로대신들에게 "일국의 원로가 되어 인민의 생명과 재산을 보호할 생각도 없다"(『제국신문』 1906년 7월 27일 <잡보>)며 항의를 하기도 하였다. 결국 그는 "자신이 사방으로 推託하고 오래도록 시일이 연기되는 것은 우리 정부가 무력하기 때문"(『제국신문』 1906년 9월 15일 <잡보>)이라는 인식을 드러내고 있다. 김두원 사건을 바라보는 당대 민들 역시 대한제국 민의 생명과 권리를 지켜주지 못하는 정부에 대한 불신을

영토권에 대한 관리와 수호에 대한 분명한 의지는 가지고 있지만, 힘의 논리가 지배하는 국제무대에서 이를 일관되게 관철시키기에는 한계가 있다는 것을 깨우치고 있었던 것이다.

　이러한 과정을 통해 보면 일본의 울릉도에 대한 자원침탈은 초기의 밀교역을 하는 범위를 넘어서서 한일간 '공생관계'와 '지난날의 관행'임을 강조하는 속에서 점차 묵인된 것으로 보인다. 그들은 이주민 보호라는 명분을 내세워 경찰관을 상주시킨 후에는 공권력을 앞세워 도민을 압박하는 속에서 합법적인 주거권을 인정받으려 하였다. 이러한 가운데 도민들은 당국의 손길이 제때 미치지 못하는 속에서 한일간의 다툼이 생길 때에는 오히려 일본경찰에게 호소하는 기이한 현상까지 나타나게 되었던 것이다.

　결국 일본은 초기에는 울릉도와 독도 근해에서 '공생'과 불법을 넘나드는 어로활동에 종사하다가, 곧 섬에 상륙한 후에는 섬 전체의 자원을 대상으로 나무땔감을 벌목하는 등 자원 약탈의 범위를 넓혀 나간 것을 알 수 있다. 이후 "주민 한 사람 한 사람을 이주시키며, 집단으로 웅거를 시작한 후에 이들을 통치하는 관원을 파견하고, 그들을 보호하기 위한 시설을 설치하게 되면, 자연히 일본의 영토가 된다"[79]는 믿음 하에 일관되게 울릉도와 독도 해역의 침탈을 관철시키려 하였다. 이는 일본외교상의 하나의 방책이었고, 수단이었던 것이다.

표출하고 있었다.
79) 수村鞆, 앞의 책, 156쪽.

맺음말

　이 연구는 당대 언론과 정부자료 및 외교자료를 중심으로 울릉도를 둘러싼 대한제국의 정책과 일본의 침탈에 대해 다각도로 살펴보는 속에서 정부의 대응과 언론에 비친 민들의 인식을 최대한 드러내보려 한 글이다. 특히 정부의 정책과 파견관원들에 대한 현지 도민들의 일반적인 인식과, 점차 확대되어 가는 일본의 자원침탈 앞에서 대한제국 관료와 민들은 어떤 양태를 보이고 있었는지에 주목해 보았다. 연구의 결과는 다음과 같이 정리해 볼 수 있다.

　첫째, 대한제국은 1900년에 제정한 칙령 제41호를 통해 울릉도와 독도를 관할함은 물론, 도감을 군수로 승격하여 관리체제를 정비해 나갔다. 이 과정에서 관행적으로 이뤄져오던 밀교역과 일인들의 불법 벌목행위를 금지하고 일인들의 쇄환을 도모해 나갔다. 정부관리를 비롯하여 언론에 비친 여론은 우리 영토에 대한 적극적인 수호의지와 일인들의 퇴거에 주된 관심이 있었다. 그러나 수차례의 외교적 접촉에도 불구하고 일본은 갖가지 핑계를 대면서 오히려 침탈의 도를 더해갔다. 더불어 정부측 파견관원들의 토색과 횡포도 자행되는 속에서 울릉도 해역의 도민들은 이중고에 시달리고 있었다. 이들은 파견관원들을 부정적으로 보고 있었다. 나아가 대한제국의 민들은 자신들의 재산권과 권리를 지켜주기에는 국가의 위상이 약하다는 데에 인식을 함께 하고 있었다.

　둘째, 울릉도를 둘러싼 일본의 대한외교의 초점은 대한제국 정부의 '불법 거류 일본인 쇄환'의 예봉을 어떻게든 피해가는 것이었다. 일본은 자연발생적으로 생겨나기 시작한 양국간 밀교역을 '필요에 의한 공생관계'로 보았으며, 도감의 수세관행을 '합법적인 허가'로 해석하였다. 그들은 한 두 사람의 이민으로 시작하여 집단 주거촌을 형성한 뒤에는 이민자들의 보호를 명목으로 관서를 설치하고 관원을 파견하면서 자연스럽게 일본이 관할하는 영토로 만들어 가려는 방책을 구사하고 있었다. 이를 통해 독도를 넘어 울릉도도 자국 영토화하려 했던 일본의 영토침탈 방법의 한 원형을 엿볼 수 있다.

셋째, 울릉도는 통상구안이 아니기 때문에 외국인과의 교역자체가 불법이었다. 한국은 이 지역에 거주하는 일인들을 불법 거주자로 간주하였고, 이들과의 교역도 원칙적으로 허가하지 않았다. 그러나 도감 이하 도민들은 일인들과 밀교역을 하고 있었고, 생활이 곤궁한 도감은 일인들에게 불법수세까지 하고 있었다. 대한제국은 울릉도를 적극적으로 관할하게 되면서 도감의 수세관행을 합법적인 수세로 인정하는 한편, 일인들에게 이는 비개항장 안에 들어와 불법적인 통상을 하는 데 따르는 벌금조로 부과한 것이라 주장하였다. 따라서 울릉도와 독도 주변 해역의 어로활동에 대한 댓가를 한국정부에 지불하고 있었던 일인들의 존재양태를 통해 일본의 독도영유권 주장의 허구성을 반박할 수 있을 것이다.

넷째, 울릉도의 삼림과 독도를 비롯한 주변 해역의 풍부한 자원은 일본뿐만 아니라 러시아가 탐을 내는 곳이기도 하였다. 아관파천 이후 러시아는 한국정부로부터 울릉도 삼림벌채권을 양여 받고 울릉도가 자국의 속지라도 된 듯 행동했지만, 러일전쟁에서의 패배로 발언권은 묵살되었다. 마찬가지로 일본의 울릉도와 독도침탈은 국력이 미약한 한국이 일본에 병합되는 한 과정으로 귀결되었을 뿐, 한국정부가 목소리를 낼 여지는 남아있지 않았다. 그러나 당대를 살았던 대한제국 민들의 울릉도에 대한 영토의식과 생활양태 등을 통해 울릉도가 대한제국의 소속과 영토로 인식되고 있었던 사실은 보다 분명해진다.

제2장
일제시기 역사지리서에 반영된
울릉도 및 독도 인식

1. 머리말

독도는 『세종대왕실록지리지』나 『신증동국여지승람』에서 조선정부의 소유임을 여러 차례 확실히 한, 울릉도의 부속도서임은 이미 잘 알려진 사실이다. 대한제국 정부에 들어와서도 1900년 10월 25일 "울릉도를 울도로 개칭하고, 군수는 울릉전도 외에 죽도 및 석도를 관할한다"[1]는 칙령 제41호를 반포하여 독도가 한국령임을 보다 명확히 하였다. 이 칙령은 독도가 주인없는 無主島가 아니라 대한제국이 관할하는 한국소속의 도서임을 재천명한 것으로서 그 의미는 실로 크다고 할 수 있다. 그럼에도 일본정부는 1905년 1월 28일의 각의결정을 통해 독도(본고에서는 일본측 표기인 죽도를 원문에 의거해 서술하는 외에는 독도로 표기한다)를 일본 시마네현(島根縣)에 편입시킨 후 자국영토임을 끈질기게 주장하는 등 한일 양국간에 독도를 둘러싼 영토분쟁이 끊임없이 일어나고 있는 실정이다.[2]

일본이 시마네현 고시 40호를 통해 독도에 대한 영유권을 주장하고는 있으나, 법적·논리적으로 부당한 근거는 다음과 같이 들 수 있다. 즉 일본이 1905년에 독도를 편입 조치한 것은 이전까지는 일본영토가 아니었음

---

1) 『한국근대법령자료집』Ⅲ, <칙령 제41호 鬱陵島를 鬱島로 改稱하고 島監을 郡守로 改正하는 件>, 광무4년(1900년) 10월 25일, 227~228쪽.
2) 독도를 둘러싼 한일간 영토논쟁은 한국정부가 인접 해양의 주권에 대한 대통령선언(李라인 선언)을 1952년 1월 18일에 발표하자, 일본이 한국정부가 독도에 대한 주권을 독자적으로 주장하는 것이라며 독도는 일본 것이라고 항의함으로써 발생하였으며 오늘날까지 해결을 보지 못한 채 양국이 갈등을 빚고 있다. - 임덕순, 「독도의 기능, 공간가치와 소속」, 『독도·울릉도 연구:역사·고고·지리학적 고찰』, 동북아역사재단, 2010, 226쪽.

을 자인하는 것이라는 점, 국제법상 선점에 의한 영유권 획득이 인정되려
면 대상이 무주지여야 하는데 독도는 무주지가 아니었다는 점, 시마네현
은 지방행정기관으로서 국가를 대표하는 의사표시기관이 되지 못한다는
점, 시마네현 편입조치를 관계국인 한국에 통보하지 않았으므로 국가의
사를 공표한 것으로 볼 수 없다는 점, 한국이 이 사실을 알게 된 때는
1906년으로 이미 외교권을 상실했기 때문에 항의조치를 할 수 없었을 뿐
이를 묵인하거나 수용한 것은 아니라는 점 등이다. 이에 대해 일본은 불
완전했던 원시적인 권원을 국제법상의 확정적 권원으로 강화하기 위한
것이라며[3) 반박과 공세의 수위를 늦추지 않고 있다.

대한제국이 죽도 및 석도라는 이름으로 독도에 대한 영토주권을 선언
하였음에도 불구하고, 일본이 자국의 영토 속에 편입시킨 논리는 이처럼
독도가 주인 없는 섬이라는 데에 있었다. 즉 독도는 무주지이기 때문에
먼저 선점하는 측이 자국영토화 할 수 있다는 논리였다. 일본의 주장대로
라면 일본민들도 역사적으로 독도를 무주지로 인식하고 있었거나, 독도
의 시마네현 편입 이후부터는 독도가 일본의 영토라는 분명한 주권의식
이 있어야 하리라고 본다.

그러나 일제시기에 일본 정부나 개인이 발간한 역사지리서를 분석해보
면 오히려 독도를 조선의 영토로 인식하고 서술한 경우가 많이 있다. 혹
일본의 영토로 서술한 경우라 할지라도 한일합방과 동시에 새롭게 자국
의 영토로 편입되어 들어온 독도를 비로소 신영토의 범위 안에 두고 이해
한 것이다. 일본정부는 물론 민간에서까지도 정부 스스로 세운 정책과 告
示와는 달리 독도가 일본영토라는 생각은 하지 않고 있었으며, 오히려 조
선의 영토로 인식하고 있었던 것이다.

---

3) 김병렬, 『독도에 대한 일본사람들의 주장』, 다다미디아, 2001, 191~196쪽.

또한 일제시기를 거치면서 일본측에서 발간한 조선지도에는 독도의 지정학적 위치를 서로 다르게 표기한 경우, 독도를 조선의 영토 안에 포함시켜 삽화하는 경우와 독도 표기를 아예 생략하는 경우 등 다양한 모습들로 나타난다. 이는 일본측이 독도를 자국령으로 일방 편입시킨 후에도 독도는 한국령이라는 종래의 관념이 뒤섞여 혼란된 상태임을 드러내는 것이라 할 수 있다. 때문에 이 시기 정부측 자료와 개인이 제작한 지도류를 상호 비교분석해 보면 일본인들의 독도에 대한 인식과, 일본정부가 의도적으로 독도를 일본령 안에 편입한 후 영토인식을 확산시켜 나가려 한 괴리가 실제 어느 정도인지를 짐작할 수 있다.

따라서 본 연구에서는 일본이 현재 독도영유권을 주장하고 있으나, 역사적으로는 독도귀속에 대해 얼마나 혼란한 시각을 가지고 있었는지를 드러내 보고자 한다. 이를 위해 이 시기에 간행된 역사지리서에서 울릉도 및 독도가 어떻게 기술되고 표현되고 있는지를 분석하고자 한다. 역사지리서에 반영된 시각은 이 시기 일본인들의 독도에 대한 인식을 보여주는 자료라 할 수 있다. 이는 곧 일본의 독도영유권 주장의 역사적 허구를 직·간접적으로 실증할 수 있는 자료가 되리라 생각한다.

지금까지는 실로 다양한 각도에서 독도에 대한 연구가 진행되어 왔다. 독도의 명칭과 유래를 역사적으로 고찰하는 연구를 비롯하여 한일간 독도영유권을 둘러싼 역사적·지리적·국제법적인 연구에 이르기까지 광범위한 분야에서 밀도 있는 연구들이 진행되어 왔다.[4] 그 결과 고지도를 비롯한 현대지도와 문헌을 통해 우리의 독도영유권과 역사적 주권 행사가

---

4) 독도에 대한 연구동향과 연구사 검토는 최진옥, 「독도에 관한 연구사적 검토」, 『독도연구』 1996; 허영란, 「독도 영유권 문제의 성격과 주요 쟁점」, 『한국사론』 34, 2002; 한철호, 「독도에 관한 역사학계의 시기별 연구동향」, 『한국근현대사연구』 40, 2007 등에서 수차례 정리되어 왔으므로 본고에서는 생략하기로 한다.

실증되었고, 일본의 독도 침탈의 과정과 논리 등이 체계적으로 밝혀지게 되었다. 이 외에 본 주제와 관련해 본다면, 일제시기에 서술된 역사학자들의 독도를 다룬 논문에서 그들의 주장과 시각을 살핀 글이 있다.5) 이 논문은 몇몇 학자들이 연구한 글을 대상으로 하고 있기 때문에 제한적인 시각을 소개한다는 점에서 한계가 있어 보인다. 때문에 일반의 인식과, 식민지시기 새로 확보된 신영토의 선전과 교육에 중점을 둔 일본 정부측 시각과의 괴리를 분석하기 위해서는 정부와 민간측 모두의 울릉도 및 독도 서술방식에 대한 분석이 필요하다고 본다.

이에 통감부 시기와 일제시기를 거치면서 통감부 및 총독부와 민간이 발행한 역사지리서의 비교 분석을 처음으로 시도해보려 한다. 분석자료의 대상은 이 시기 발간되어 국회도서관, 국립중앙박물관, 일본국회도서관 등에 산재해 있는 총 70여 종의 대표적인 역사지리서 가운데 울릉도와 독도에 대한 일본의 인식을 살필 수 있는 자료만을 대상으로 하였다. 단, 일선학교의 교과서 및 참고용 해설서 등은 제외하였다.6)

---

5) 崔長根, 「일본제국기의 독도/竹島 선행연구 분석-독도 영토문제의 본질규명을 위한 시도-」, 『동북아 문화연구』 제13집, 2007.
6) 약 70여권의 울릉도 및 독도 관련 도서는 총 도서목록상의 검색을 통해 이루어진 결과이며, 이 가운데 본 주제와 관련하여 의미있는 내용이 수록된 책자는 표에 예시한 대로이다. 단, 1940년대에 발간한 도서 중에는 교과서만 몇 종 있을 뿐, 분석대상 자료가 상대적으로 부족한 편이다. 또한 교과서는 일본정부의 방침을 일관되고 단순하게 담아내는 입장이었기 때문에 정부측 발간도서와 차별성이 없으므로 분석대상에서 제외하였다.

2. 역사지리서의 울릉도 및 독도 서술 실태와 인식

1905년부터 일제시기까지 조선총독부 또는 개인연구자들이 주체가 되어 편찬한 한국의 역사지리서 가운데 울릉도와 독도에 대한 유의미한 서술이 포함된 경우는 대략 17종 정도가 된다. 이 도서지역에 대한 일본의 인식을 엿볼 수 있는 역사지리서의 실태와 그 서술내용을 일별해 보면 다음의 <표 1>과 같다.

<표 1> 역사지리서상의 울릉도 및 독도 서술 실태와 내용

도서명	간행 년도	저자	저술목적	내용 및 분석
韓國新地理	1905	田淵友彦 (역사·지리학자)	일본의 보호국이 된 한국의 지리, 문화를 일반인들에게 알리고 과학적으로 교육시키기 위함.	"本島(울릉도-인용자 주)에서 동남방 약 30리에 우리의 隱岐島(오키도)와 거의 중앙에 위치하는 무인도 하나가 있다. 세간에서는 이를 '양코'島라 칭한다"(308쪽)로 서술하였다.
韓國地理	1906	矢津昌永 (정치·지리학자)	한국은 일본의 번속국이며 동심일체의 나라로서 일본인들이 한국으로 나아갈 때 한국에 대해 잘 알 수 있도록 하기 위함.	울릉도는 '處誌' 부분에서 강원도를 설명하는 가운데 언급되어 있다. 그 내용을 보면 "울릉도는 일명 松島라 칭한다. 이 섬의 해안에서 80리 떨어진 곳에 隱岐島가 있다.…韓船의 재료가 되는 양질의 수목이 섬 전체에서 자라고 있으며…어류가 풍부하다.…이 섬의 동쪽에 竹嶼가 있다"(175쪽)로 서술되어 있다.
韓國之實情	1906	圓城寺淸 (국민후원회 한국시찰단원)	'국민후원회'의 대표로 한국을 시찰한 뒤, 한국을 알고자 하는 많은 사람들의 요구에 부응하기 위해 출간.	한국의 어업을 소개하는 장에서 강원도의 대표적인 어장과 항만으로서 울릉도와 양코도(ャンコ島)를 들고 있다(160-161쪽). 양코도는 리앙쿠르7)를 음차한 것으로서 독도를 지칭한다.
竹島 及 鬱陵島	1907	奧原碧雲 (울릉도 시찰조사단원)	시마네현에서 독도편입의 명예를 기념하기 위해 시찰조사단 40여명을 파견하여 울릉도와 주변도서를 조사하였는데, 이 책은 조사를 완료한 후 올린 보고문을 참고하여 일반에게 알리기 위한 자료로서 편찬해 낸 것이다.	울릉도는 옛날부터 죽도라는 명칭으로 불리어졌지만, 실지 답사를 통해 살펴본바 울릉도는 『水路誌』에 일명 송도로 기재되어 있고 종래의 기록에서 보인 죽도의 기사는 신죽도로 보아야 한다고 서술하였다. 즉 은기의 서북 40리 해상에 송도가 있는데 암도라는 기록으로 보아 이번 시마네현에 편입된 신죽도(독도-필자 주)를

				일컫는 것이며, 은기의 서북 70여리에 죽도가 있다는 기록은 조선인이 거주하는 큰 섬으로서 리앙쿠르 열암의 신죽도로 보아야 한다는 것이다. … 울릉도를 죽도라 하고 신죽도를 송도라 칭한 바가 이와 같은데, 『수로지』는 이를 바꾸어서 울릉도를 일명 송도라 하고 신죽도를 리앙쿠르도 열암이라고 표기한 것이다(15쪽-19쪽). … 따라서 죽도 명명의 사정으로 보나, 경영상으로 보나 죽도의 일본영토 편입은 당연한 것이라며 시마네현 고시 제40호를 게재하고 있다[8](31-33쪽).
新撰韓國事情	1909	小松悅二 (동아연구회 회원으로 한국의 실정 조사)	일본국민에게 한국의 사정을 인식시키고 한국을 보호 지도하기 위한 자료로 활용하기 위함.	어업 중심지로서 울릉도를 소개하고 있으나(307쪽), 독도에 대한 언급은 생략되어 있다.
朝鮮·支那地名辭彙	1910	根來可敏 (지리학자)	조선을 자세히 알기 위한 목적에서 편찬했다. 지명선정의 기준은 일상생활에 필요한 것을 위주로 하였고 작은 지명과 그에 따른 위치를 분명하게 하고자 하였다.	①울릉도에 대해 "조선의 강원도 해안으로부터 동방 36리 바다 가운데에 있다. 옛날에 일본이 出雲地方에서 隱岐를 경유하여 신라로 들어가는 기항지였으며, 왜구의 근거지"(22쪽)인 것으로 설명하고 있다. ②독도에 대해서는 나와 있지 않다. 竹島라는 지명은 두 개 등장하지만 제주도 서부에 있는 섬과, 군산항에서 12리 떨어져 있으며 둘레가 10여町 정도 되는 작은 섬으로 설명되어 있어(300쪽, 310쪽), 울릉도의 부속도서로서의 독도를 의미하는 것은 아니다.
朝鮮新地誌	1910	足立栗園 (역사·지리학자)	한국을 병합한 후 조선의 지리를 조사하고 역사를 연구하여 일본과 조선은 옛날부터 깊은 관계 속에 있었다는 것을 일본의 少年諸子들에게 알리기 위해 저술.	제3장 '지세와 도서' 부분에서 한반도를 둘러싼 여러 섬들을 서술하는 가운데 울릉도를 소개하고 있다. 그에 따르면 강원도의 동방해상 80리, 즉 은기도(오키도)의 서방 140리 해상에 울릉도라는 큰 섬이 있다는 점, 울창한 나무들이 빽빽하여 材木이 많고 인근 연해에는 어류가 풍부하다는 점, 일명 송도라고도 한다는 점, 막부시대에 밀항자가 있어 일시 소동을 벌인 적이 있다는 점 등으로 서술하고 있다. 이와 더불어 "이 섬의 동쪽에 竹嶼라고 하는 작은 섬이 있다"(10쪽)라고 서술하였다.
朝鮮誌	1911	吉田英三郎 (조선총독부	저자는 공무와 개인적인 일로 6년동안 한국의 연안과	울릉도는 13도지 가운데 경상남도 울도군에서 소개하고 있다. 울릉도는 1900년

		조사국원)	내륙을 두루 주유한 적이 있었는데, 한국병합이 이루어지자 이를 기념하기 위해 그동안 자신이 모은 자료로 책을 편찬하였다. 이를 통해 조선에 대해 알고자 하는 시세의 요구에 부응하고자 함.	강원도에 속해 있다가 1906년도에 경상남도로 편입되었으므로 한국의 행정개편에 따라 편재한 것으로 보인다. 울릉도를 "일본해 가운데에 외롭게 떠있는 섬"으로 묘사하였으며, 武陵 또는 羽陵이라고도 한다고 되어 있다. 부산에서 170리, 강원도 울진에서 80리 떨어진 섬으로 동서 5리, 남북으로 4리 정도의 크기로 묘사하였다. 남면에 있는 유일한 항구인 道洞까지 울릉도의 자연지리에 대해 상세하게 설명하면서도 독도에 대한 서술은 전혀 하지 않고 있다(644-646쪽).
朝鮮商品と地理	1912	納富由三 (일본전보통신사 기자)	식민지 조선에 투자하는 일본 내 실업가들을 위해 조선의 지리와 각종 생산품을 연구하여 자료로 제공해주기 위해 발간.	지방지 가운데 경상남도를 서술하면서 울릉도를 소개하고 있다. "울릉도는 강원도의 동방 40리, 부산에서 180리 거리의 해상으로서 정확히 조선의 최동단을 획정하는 절해고도이다"라고 서술되어 있다. 그 밖에 울릉도를 송도로 달리 명명하고 있었던 점, '왜구의 근거지'로도 알려져 있었던 점 등을 서술하였다(914쪽).
最新 朝鮮地誌	1912	日韓書房 編輯部 (조선총독부 視學官 上田駿一郎 교열)	종래의 조선지리서는 일본지리나 만주지리에 附記하였기 때문에 방만·간략하거나, 총괄적, 혹은 부분에 편중되어 대강의 요체만을 파악할 수 있는 책이 대부분이어서 이를 보완하기 위해 발행.	①조선의 국경 및 변경과 관련하여, 울릉도 東端 동경 130도 54분을 極東 지역으로 서술하였다(3쪽). ②울릉도는 일본인들이 松島로 칭하는 섬이라고 하였다. 이어서 울릉도의 지리적 위치와 성인봉 등을 소개하고 있고, 울릉도 부근에 일본해전으로 유명하게 된 리양쿠르도가 있는 것으로 서술하였다(46쪽).
最新 朝鮮地誌	1918	朝鮮及滿洲社	병합 이후 조선을 알고자 하는 사회적 욕구는 많아졌으나 참고자료가 적어 한국을 가르치는데 어려움이 크기 때문에 사회적 요구에 부응하고 일선학교의 교과서로 활용할 목적으로 발간.	울릉도를 "조선의 최동단에 있는 섬"으로 서술하는 등(139-141쪽), 독도와 관련한 내용은 아예 제외시키고 있다.
朝鮮地誌 資料	1919	朝鮮總督府臨時土地調査局	토지조사사업을 하기 위해 만든 보고서와는 별도로 조선의 제반 시설경영상 조선지지 자료를 이용하기 위해 발간.	'조선반도 極端經緯度'를 나타내는 도표에서 극동지역을 경상북도 울릉도 죽도라고 명백히 표현하고 있다. 경도는 동경 130도 56분 23초로 되어 있다(大勢 1쪽). 이는 동경 131도 52분 10초에 있는 독도의 경도와는 다소 차이가 있는 부분이다. 또한 도서의 위치와 명칭 및 면적을 나타내는 도표에서는 울릉도와 죽도를 모두 경상북도에 포함시키고 있으며, 죽도는

				울릉도의 남단에 위치한 섬으로 나타내고 있다(324쪽).
新編 朝鮮地誌	1924	日高友四郎 (在朝商人?)	조선에서는 다양한 富源을 창출할 수 있으나, 그동안 편찬된 조선지지들의 종류와 내용에는 면적이나 해안선 등 數字에서 틀린 부분이 많아 이를 바로잡기 위해 조선총독부 임시토지조사국의 조사보고에 기초하여 편찬.	경상북도의 어업의 중심지로서 울릉도 근해에 어업이 발달한 내용이 서술되었을 뿐(568쪽), 독도에 대한 언급은 생략되어 있다.
日本地理 大系 12 <朝鮮篇>	1930	改造社 (대학교수들과 고교교사들이 집필·편찬)	조선을 일본지리의 한 범주로 이해하고 조선을 알리기 위해 편찬.	울릉도에 대해 "일본해상의 외로운 섬"이라는 설명과 함께 道洞과 울릉도의 西岸 등을 사진으로 보여주고 있다(138-139쪽). 독도는 표기와 서술대상에서 제외되어 있다.
朝鮮事情: 鬱陵島記事	1930	今村鞆 (李王職 事務官, 저술가)	편찬의도와 목적 등 책을 소개하는 글이 없음.	"울릉도는 명칭이 많은데 조선에서는 羽陵, 蔚陵, 鬱陵, 武陵, 芋陵, 羽溪 등으로 불리었다. 한편 일본에서는 松島, 磯竹島, 竹島라 불리었다"고 설명하고 있다. 또한 "울릉도의 동남 약 55리에 있는 리양쿠르도를 송도로 호칭했지만, 이 둘을 혼동한 때도 있었던 것으로 보인다"고 되어 있다. 나아가 "해군의 海圖에는 울릉도를 송도라 하고, 서양인들은 이를 Dagelet이라고 부르는데 그 어원은 알 수 없다"(149-150쪽)고 서술하였다.
最新朝鮮歷史地理辭典	1933	佐藤種治 (부산현 중학교 역사지리주임 教諭)	일본의 한 부분이 된 조선의 지리 및 역사에 대해 자세히 알기 위해 편찬.	울릉도를 설명하면서 "여러 섬 가운데 특히 우산도와 죽도가 유명하며, 일본인은 우산도를 松島라 한다"고 서술하였다. "德川 시대에는 죽도라 하였고, 具原益軒 등은 일본령이라 하였다"(6쪽)라고 서술되어 있다.
朝鮮と滿洲 案內	1937	釋尾春芿 (朝鮮及滿洲社 사장겸주필, 조선고전간행회 대표)	일본은 조선을 지도하고 개혁과 발전의 길로 이끌어야 하는 사명감과 투철한 책임감을 가지고 있으며, 조선과 만주를 동격에 놓고 중시하면서 그 지리적 중요성을 알기 위해 편찬.	국토의 경위도를 동경 124도 11분에서 130도 56분 23초까지로 서술하고 있어(1쪽) 독도의 위치인 동경 131도 52분 10초의 기록과 다소 차이가 있음을 알 수 있다. 또한 極東을 울릉도와 죽도로 표기함으로써(2쪽) 울릉도를 죽도라 명명하던 데서, 죽도를 별도의 섬으로 명백하게 구분하여 기재하고 있음을 볼 수 있다.

※저자 附記는 책의 序言과 국사편찬위원회 한국사DB를 참조하여 도서출간 당시의 직업 위주로 나타냈다 (<표 2>도 동일함). 책의 저술목적은 각 책의 서언에서 밝혀진 부분을 중심으로 발췌함.

 <표 1>을 통해 알 수 있는 바와 같이 통감부시기와 일제시기동안 울릉
도 및 독도를 역사지리서에서 구체적으로 서술하거나 미미하게나마 언급
한 사례는 대략 17종 정도이다. 이를 바탕으로 이 시기 일본의 울릉도와
독도에 대한 인식을 분석해보면 다음과 같은 점을 도출해 볼 수 있다.

 먼저 각각의 서언에서 밝힌 책 발간의 시기와 주체 및 출간의도를 놓고
볼 때, 일본은 한국에 대한 역사지리서를 1905년부터 거의 매년 발간하였
다. 발간주체는 조선총독부를 비롯하여 역사지리를 전문적으로 연구하는
학자, 교사, 저술가, 기자, 조선시찰조사단원 등으로 매우 다양한 편이다.
그러나 저술목적은 한결같이 1905년부터 한국이 이미 일본의 보호국 내
지는 부속국이 된 것을 기념하기 위해, 나아가 한국의 지리와 역사에 대
해 내지인들에게 새롭게 알릴 필요가 있어 교육적인 목적으로 편찬한 경
우가 대부분이다. 조선총독부가 발간주체가 된 경우는 병합 이후 한국을
알고자 하는 일본 사회의 요구에 부응하기 위해, 또한 한국의 제반 지지
자료를 경제적으로 이용하기 위한 현실적인 필요성에서 책을 간행하고
있었다.9)

---

7) 일반적으로 리앙쿠르섬은 1849년 프랑스 선박 리앙쿠르(Liancourt)호가 발견하여
   선박명을 따서 리앙쿠르암이라 호칭한 데서 유래된 것으로 알려져 있다. 이 외에도
   1854년 러시아의 '프리게이트'함 '파라수'호는 독도를 메나라이(Menalai), 올리바츠
   (Olivutsu)라 칭했고, 1855년 영국함 호르넷(Hornet)호에 의해 호르넷 열도 등으로
   명명된 바 있다. -박병섭·나이토 세이추, 『독도=다케시마 논쟁-역사자료를 통한
   고찰』, 보고사, 2008, 138쪽.
8) 신영토인 죽도는 에도시대에 송도로서 일본영토였다는 기록이 있는데 해군 수로부
   가 잘못 표기하여 조선 수로지에 독도를 포함시켰고, 더욱이 죽도인 울릉도를 송도
   로 오인하고 있다는 의미이다. 즉 저자인 奧原碧雲은 신영토 죽도를 일본인들이
   역사적으로 인지하고 있었고, 실제 경영한 섬으로서 영토편입이 정당하다는 주장을
   펴고 있는 것이다.-崔長根, 앞의 논문, 517~519쪽.
9) 한국을 식민지화한 이후 일본은 식민지 지배정책의 일환으로 식민지 조선을 소개하
   고 조사·시찰함과 동시에 신영토로 편입된 식민지의 각 지역을 내지인들이 손쉽게

따라서 일본에서는 1905년 을사늑약이 체결된 이후부터 한국을 일본의 부속국으로 간주하는 시각이 있었으며, 병합 이후에는 일종의 전리품으로서 한국을 식민지로 만든 일본의 역량을 선전함과 동시에, 한국의 영토를 효과적으로 활용하고, 새롭게 일본의 국가 체제 속으로 편입된 한국의 역사와 지리를 교육시키려는 제국주의적인 오만함과 자부심이 동시에 작용하고 있었음을 볼 수 있다.

다음으로 울릉도 및 독도와 관련하여서는 일본 내부의 혼란된 시각과, 사실을 정확하게 파악하지 못하는 오류들을 비롯하여 아래와 같은 몇 가지 점을 지적할 수 있다. 첫째, 일본인들은 한국령인 울릉도와 독도 등 두 개의 섬을 분명하게 구분하지 못할 정도로 독도에 대한 정확한 인식이 결여되어 있었다는 점이다. 우선 『竹島及鬱陵島』에서는 울릉도를 松島라하고 독도를 竹島라 명명해 왔지만, 사실은 울릉도가 죽도이며 독도는 송도로 불리어져야 맞는 것임을 나타내고 있다. 이 외에도 1905년에 출간된 『韓國新地理』나 1912년에 출간된 『最新朝鮮地誌』에서는 울릉도의 별칭인 송도를 꾸준히 병기함으로써 일본인들이 울릉도를 송도로 인식하고 있었음을 보여준다. 이와 달리 독도는 죽도 또는 송도, 리앙쿠르도 등으로 명명하고 있었다. 따라서 독도를 울릉도와 구분하여 뚜렷하게 인식하지 못한 채 두 섬을 혼동하고 있었음을 알 수 있다.[10]

관광할 수 있도록 여행을 장려하기 위한 다양한 활동과 책자를 발간하고 있었다. 이에 대한 연구로는 김정훈, 「'韓日併合' 전후 국내관광단의 조직과 성격」, 『전남사학』 25집, 2005; 조성운, 『식민지 근대관광과 일본시찰』, 2011 외 다수가 있다.

10) 일본에서는 울릉도와 독도를 둘러싸고 오랫동안 혼동된 명칭을 사용하고 있었으나, 일본정부는 1870년~1877년 사이 죽도(울릉도)와 송도(독도)를 확정하였고 두 섬을 한국의 영토로 인정한 바 있다. 그후 일본에서는 독도를 무주지로 주장하기 위해 1905년 지볼트가 두 섬을 잘못 명명했다는 이유를 들어 송도(울릉도)와 죽도(독도)로 명칭을 바꾸어 나갔다. 이에 대해서는 김영수, 「근대 독도·울릉도 명칭을 둘러싼 한국과 일본의 시각」, 『역사와 현실』 73호, 2009를 참고.

이러한 혼란된 인식은 1930년에 간행된 『朝鮮事情: 鬱陵島記事』에서
도 드러난다. 책에서는 울릉도를 송도 또는 죽도라 불렀고 독도 역시 송
도라 호칭하기도 했다면서 둘을 혼동한 때가 있었음을 인정하였다. 두 개
의 섬을 확실히 구분하지 못했다는 것은 독도에 대한 정확한 인식이 결여
되었음을 의미하는 것이다. 정확한 인식의 결여는 곧 일본은 독도에 대해
관심 밖에 있었음을 보여주는 것이기도 하다.

나아가 독도를 일본령으로 편입은 시켰지만 그들 내부에 자국땅이라는
인식은 물론, 실효적으로 점유한 사실이 단 한 번도 없었음을 드러내는
것이다. 그에 반해 한국은 섬의 상황을 조사하기 위해 꾸준히 조사관을
파견하는 등 영토주권을 계속적이고도 실효적으로 행사하였다. 따라서
일본인의 관심밖에 있던 독도를 자국영토로 편입한 행동은 전략적 요충
지에 있던 독도에 대한 무차별적인 탐욕을 드러낸 것이라 할 수 있다.11)

둘째, 일본은 울릉도와 독도에 대한 혼동된 인식과 주권의식이 전무한
속에서 독도가 한국령이라는 사실을 인정하고 있었음을 알 수 있다. 이는
역사지리서 안에서 독도를 한국령으로 인식하고 분류하면서 서술하거나,
울릉도의 부속도서로 인정하면서 아예 서술을 생략하는 모양으로 나타나
는 것을 통해 확인할 수 있다. <표 1>에 분류된 도서들을 보면 독도에 대
한 역사지리적 사실은 대부분 생략되어 있고, 언급을 하는 경우에도 울릉
도의 부속도서 정도로만 서술되었다. 한일병합 이후에도 독도에 대한 서
술은 생략되거나 무시되어 온 경향이 있었다. 울릉도에 부속된 섬이라고
보았기 때문에 굳이 별도로 서술할 필요성을 느끼지 못한 결과로 보인다.
이는 결국 일본 내부에서도 울릉도가 한국령인 만큼 독도 역시 당연히 한

---

11) 이계열은 일본의 독도편입이 노일전쟁의 전략적 필요에서 자행한 침략행위이자, 탐
욕과 폭력에 의한 약취의 전형이라고 보았다. - 『한일어민의 접촉과 마찰』, 전남대
출판부, 2008, 202~203쪽.

국에 속하는 것으로 간주하는 인식을 반영한 부분이라 볼 수 있다.

이러한 점은 조선총독부 임시토지조사국이 조선에서의 시설경영을 목
표로 조사한 조선의 지리자료상에서 명백하게 독도를 한국령으로 분류한
점에서도 엿볼 수 있다. 1919년에 편찬한『朝鮮地誌資料』에서는 울릉도
와 죽도, 즉 독도를 경상북도에 포함시킴으로써 독도를 울릉도와는 별개
의 섬으로 인식하였음은 물론 한국령으로 파악하고 있었음을 보여준다.
이와 더불어 1930년에 발간된『朝鮮事情: 鬱陵島記事』에서도 독도를 울
릉도와 함께 서술하고 있는 것으로 보아 독도가 한국영토인 사실을 인정
하고 있었음을 알 수 있다. 특히 저자인 水村鞆은 이왕직 사무관으로 종
사한 인물이기 때문에 일본정부의 입장을 따른 것으로 볼 수 있다.

또한『朝鮮と滿洲案內』에서 보이는 바와 같이 1930년대 후반기로 가
면 식민지 조선의 경계를 분명하게 인식하고 독도를 영토의 범주 안에 확
실히 포함시키려 한 것을 알 수 있다. 국토의 경·위도를 표시하는 경우에
도 極東의 위치에 대해『最新朝鮮地誌』의 130도 54분,『朝鮮地誌資料』
의 130도 56분 23초,『朝鮮と滿洲案內』의 130도 56분 23초 등으로 비교
적 명확하게 규정되고 있다.[12] 이는 실제 울릉도의 경도인 130도 55분 20
초에 더 가깝고, 독도의 경도인 131도 52분 10.4초[13]와는 조금 차이가 있
어 울릉도까지만을 한국령으로 계산한 인상을 지울 수 없다.

그러나 서술에서는 한국의 극동지역을 울릉도와 죽도로 나타내고 있

12) 일본이 두 섬의 경·위도를 처음으로 측량한 것은 군함 아마기(天城)가 울릉도에 파
    견되어 측량을 실시한 1880년 이후로 알려져 있다(박병섭·나이토 세이추, 앞의 책,
    250쪽). 각 서적에 보이는 극동의 경도가 제각기 다른 것은 틀린 자료를 참고하였
    거나(1924년 발간된『新編朝鮮地誌』에서는 수치자료상 틀린 부분이 많기 때문에
    이를 시정하기 위해 책을 발간한다는 편찬목적을 밝히고도 있다), 섬의 어느 부분
    을 측량했는가에 따라 달라진 결과로 보인다.
13) 울릉군청의 공식 홈페이지에 기록된 좌표를 기준으로 하였다.

고, 두 개의 섬을 별도로 하여 모두 기술하고 있으므로 독도를 울릉도의 부속도서임과 동시에 독도까지 한국령으로 책정하고 있었음을 확인할 수 있다. 즉 일본 내에서는 독도는 한국령이라는 뚜렷한 인식이 퍼져 있었음을 알 수 있는 것이다.

셋째, 이와 같은 분위기 속에서도 정부는 한편으로 독도에 대한 서술을 의도적으로 생략함으로써 독도를 한국영토에서 제외시키고 이를 확산시켜 나가려 했다는 점이다. 이는 한국의 영토범위를 서술함에 있어서 독도에 대한 기술을 아예 생략하거나, 어느 나라의 영토에 속하는지 소속을 밝히지 않은 채 소략한 설명만을 하는 형태로 나타나고 있었다. 『新撰韓國事情』, 『朝鮮誌』, 『最新朝鮮地誌』, 『日本地理大系』12 <朝鮮篇> 등의 책자에서는 한국의 東端 및 동해를 묘사하면서 울릉도만 서술하고 그 내용도 소홀히 취급하는 경향을 보인다. 나아가 울릉도를 묘사함에 있어서도 '외로운 섬' 내지는 '동해상에 홀로 동떨어져 있는 섬' 등으로 강조함으로써, 울릉도와 나란히 붙어있는 부속도서로서의 독도의 존재는 의도적으로 생략하는 모습도 볼 수 있다. 이는 1910년대부터 1930년대까지 출간된 역사지리서에서 꾸준히 파악되는 경향이다.

이는 일본이 한국시찰조사단 등을 통해 독도가 일본에 편입된 영토라는 인식을 민간에 확산시키기 위해 기울인 노력과 왜곡된 서술이 일부 민간연구자들에게도 영향을 미치고 있었음을 나타내는 것이다. 그러나 일본정부가 의도한대로 독도에 대한 왜곡된 사실이 일견 확산되는 것 같지만, 일본 내부에 독도는 한국영토라는 인식은 여전히 내재되어 있었다. 한일병합 직후에도, 일제시기 후반기까지도 독도를 한국영토에 편재시켜 서술한 책이 줄어들지 않은 사실이 이를 뒷받침한다.

넷째, 독도와 울릉도에 대한 역사적인 사실을 의도적으로 왜곡함으로써 독도 뿐만 아니라 울릉도까지도 일본령에 편입시키려는 움직임이 있었다는 점이다. 『朝鮮事情: 鬱陵島記事』에서는 명백하게 한국영토로 분류한 울릉도에 대해서 조차도 "일본민을 移植시키고 시설을 설치하여 묵인한다면 자연히 일본의 영토가 된다"[14]는 견해를 피력하고 있다. 이를 통해 일본의 독도 무주지 선언과 시마네현으로의 편입과정은 이웃국가의 영토를 불법적으로 점유하려는, 고의적이고 악의적인 행동의 시초였음을 파악할 수 있다. 더불어 일본의 일방적인 독도편입과 영유권 주장이 성공한다면 그 발판 위에서 울릉도까지도 일본영토로 만들어 가고자 의도했던 사실을 알 수 있다.

이러한 왜곡은 곧 佐藤種治가 쓴 『最新朝鮮歷史地理辭典』으로 이어지고 있었다. 책의 서두에는 "한국은 일본이 침략한 것이 아니라 조선종족이 병합을 간절히 희망하여 성립되었다"[15]라고 기술되어 있어 이미 왜곡된 시각을 가지고 이 책을 집필하였음을 드러내준다. 그에 따라 울릉도를 서술하는 부분에서는 "德川 시대에는 죽도라 하였고, 具原益軒 등은 일본령이라 하였다"[16]라고 쓰고 있다. 이는 곧 에도막부 시대에는 울릉도를 죽도라 부르면서 한국령으로 인정한 사실을 기록한 것이다.[17] 반면 具原益軒이 울릉도를 일본령으로 하였다는 것은 그가 역사지리서를 기술하면서 울릉도를 일본영토에 편입시켜 서술한 사실을 의미하는 것으로 추정된다.[18] 그러나 이에 대한 아무런 보완 설명없이 울릉도에 대한 서술을

---

14) 『朝鮮事情: 鬱陵島記事』, 南山吟社, 1930, 156쪽.
15) 佐藤種治, 『最新朝鮮歷史地理辭典』, 富山房, 1933, <序頭>.
16) 위의 책, 6쪽.
17) 에도막부시기 고문서에서는 울릉도(다케시마)가 조선 땅이라는 것을 인정하고 있었고, 시마네현에서도 이 사실을 잘 알고 있었다. ─박병섭·나이토 세이추, 앞의 책, 228~230쪽.
18) 具原益軒에 대한 자료가 없어서 그가 구체적으로 어떤 내용의 책을 저술하였는지, 직업은 무엇인지에 대한 정확한 논증은 어려운 상태임을 밝혀둔다.

마무리함으로써, 마치 일본이 정복활동을 통해 울릉도를 자국영토에 편입한 것처럼 해석되게 하는 의혹을 낳고 있는 것이다.

결국 역사지리서에서의 독도에 대한 서술은 경상북도에 속하는 섬으로 한국령으로 분류하면서 구체적인 서술을 하는 경우, 울릉도의 부속도서로서 한국령으로 분류는 하되 구체적인 서술을 않는 경우, 한국령이나 일본령 어느 나라에도 포함시키지 않으면서 서술을 하는 경우와 생략하는 경우 등으로 대별할 수 있다. 이렇듯 일본에서는 독도가 한국영토라는 인식을 가진 속에서도 책자마다 편찬자에 따라 다양한 입장과 태도를 드러내고 있었다. 이는 일본정부의 일방적인 독도편입이 전체의 주권인식으로 확산되지 못한 현실을 반영하는 것이며, 결과적으로 독도에 대한 혼란한 시각으로 이어지고 있었음을 보여주는 것이다.

한국이 이미 일본에 병합된 후이기 때문에 일본에 편입된 신영토로서 마땅히 국경과 영토에 대한 범주를 정확하게 알릴 필요가 있었음에도 불구하고, 이처럼 독도에 대한 서술은 의도적으로 경시되어 왔고 혼란된 시각 속에 있었다. 이러한 혼란된 역사 인식과 분명치 않은 주권의식의 바탕 위에서 독도를 일본령으로 편입하고 영유권을 주장하는 것은 그 자체로서 설득력을 상실하고 있음을 자명하게 보여준다.

3. 지도상에서의 울릉도 및 독도 표기와 인식

통감부 시기부터 일제시기까지 한국의 지도를 제작·편찬해낸 주체는 조선총독부이거나 개인연구자들이다. 지도는 조선의 전 국토를 나타낸 全圖이거나, 지역도, 역사지리서에 부록으로 삽입된 지도류 등으로 종류가 다양하다. 이 가운데 본 글에서는 울릉도 및 독도를 지도에 구체적으

로 표기하고 삽화하였거나 그에 대한 인식을 엿볼 수 있는 지도류를 대상
으로 분석하였으며, 그 종류는 아래 <표 2>에서 보이는 바와 같이 23종
정도가 된다.

<표 2> 울릉도 및 독도 표기 지도와 그 내용

지도·도서명	간행년도	저자	내용 및 분석
韓國新地理	1905	田淵友彦	울릉도를 '松島', 독도를 '竹島-리앙쿠르 암초'로 표기하였다(앞부분의 한국전도).
韓國事情要覽	1906	統監府 總務部	책의 첫 장에 '한국약도'라 하여 한국전도가 제시되어 있으나, 울릉도와 독도는 표시되어 있지 않다.
竹島 及 鬱陵島	1907	奧原碧雲	울릉도와 죽도 및 일본 영토의 서북 경계인 隱岐島까지 표시한 동해 지도와, 죽도 및 울릉도 조감도가 실려 있다(目四 뒤).
大日本現勢地図 附錄	1907	地理硏究會	일본의 지지를 소개하면서 한국 및 청국을 함께 수록하고 있다. 그러나 시마네현에 편입한 독도는 표기하지 않았다(1쪽).
朝鮮新地誌	1910	足立栗園	책의 앞장에 있는 지도상에 울릉도는 울릉도로, 독도는 죽도로 표기되어 있다(1쪽).
最近韓國事情要覽	1910	統監府	책의 첫머리에 있는 '韓國略圖'에는 동해상에 울릉도를 표기하고 괄호 안에 '송도'로도 표기하였다. 울릉도 옆에는 독도라는 이름이 표시되어 있지는 않지만, 독도로 추정되는 작은 섬을 표시해 두었다(1쪽).
朝鮮誌	1911	吉田英三郞	책의 앞부분에 있는 '朝鮮誌附圖'에서 울릉도는 표시하고 있으나, 독도는 나타내지 않았다(1쪽).
(續帝國大地誌) 韓國南滿洲	1911	野口保興 (지리풍속연구가)	한국전도에서 울릉도를 표시하고 괄호안에 송도라는 지명으로도 표기를 하였다. 단, 독도에 대한 표시는 하지 않았다(2쪽).
最新 朝鮮大地圖	1911	朝鮮 土地調査會	조선의 국경과 8도의 권역이 상세히 묘사되어 있는 조선전도이다. 울릉도는 舊 松島라 표기하여 지도상에 표시해 놓았으나, 독도에 대한 표시는 아예 되어 있지 않다.
最近朝鮮事情要覽	1912	朝鮮總督府	책의 앞장에 삽입되어 있는 '조선지도'상에서는 울릉도만 표시하였고, 독도에 대한 표시는 없다.
朝鮮近世史	1912	林泰輔 (역사학자)	상권에 삽입된 '朝鮮國全圖'에는 동해상에 울릉도만 표시되어 있고, 독도는 아예 나타내지 않았다. 울릉도의 위치도 정확하게 나타나 있지 않다. 동경 130도도 훨씬 못 미치게 표시하고 있어 지도상의 위치 역시 올바르지 않다.

朝鮮 歷史地理	1913	津田左右吉 (역사학자·남만주철 도주식회사 역사조사실 연구원)	책의 부록으로 여러 종류의 부도를 싣고 있다. 지도상에 울릉도는 나타내고 있으나 독도는 아예 나타내지 않았다. 울릉도의 경우, 송도나 다른 별칭으로 표기하던 데서 이제는 울릉도라는 지명만으로 표기하고 있다.
地理的日本歷史	1914	吉田東伍 (역사·지리학자)	'任那及三國'이라고 명명된 지도에서는 울릉도를 '于?間島'로 표시하고 있다(53쪽). 울릉도 지명은 지도상에서의 글자가 너무 작아 잘 보이지 않으나, 총 네 글자이면서 우산도는 아닌 것으로 나타나고 있다. 판독이 되지 않아 정확히 알 수 없다.
朝鮮各道府面間 里程圖	1920	朝鮮總督府	지도상에서 울릉도는 울도군에 속하는 것으로 구분하였으며, 독도는 울릉도에 붙어있는 섬으로 나타내는 한편, 죽도라 명기하였다.
郡面界里程入朝 鮮大地圖	1921	十字屋	조선 전도로서 울릉도와 독도를 동해상에 표시하였으나 울릉도만 지명을 표기하였을 뿐, 독도는 울릉도의 부속도서로서 위치만 표시하였다.
朝鮮地方全圖	1923	朝鮮總督府	조선지방 전체를 나타낸 전도이다. 동해상에 울릉도는 표시되어 있으나, 독도는 표시되어 있지 않다.
日本地理 大系 12 -朝鮮篇	1930	改造社	책의 마지막에 삽입된 지도에 울릉도는 표시하였으나, 독도를 그리지 않은 채 울릉도에 또다시 竹島라고 표기하였다.
朝鮮地方 全圖	1932	鈴木駿太郎 (조선공립고등여학 교 敎諭)	한국 전체를 묘사하고 있는 한 장짜리 全圖이나, 독도는 아예 나타내지 않았다.
新日本地方別大 地圖:朝鮮地方	1937	三省堂	일본의 각 지방별 대지도이다. 울릉도를 나타내는 부분에서는 부속도서로 작은 섬을 두 개 그려 넣었으나, 독도라는 명칭을 별도로 기입하지는 않았다. ※비고: 삼성당에서 편찬한 발행년도 불명의 또 다른 '조선지도'에는 동해상의 울릉도 옆에 독도를 나타내고 竹嶋라 표기하였다.
朝鮮史のしるべ	1937	朝鮮總督府	'이조시대 형세도'에는 동해상에 울릉도로 추정되는 섬 하나만을 표시해 두었을 뿐, 명칭도 생략되어 있으며 독도는 아예 표시하지도 않았다(124쪽).
朝鮮大地圖	1937	韓洋社	축척이 백만분의 1인 조선의 전도로서, 조선 전역이 비교적 상세하게 그려져 있다. 동해상의 울릉도 옆에는 아주 작은 섬을 그려 넣고 竹島로 표기하였다.
國史地理	1938	朝鮮總督府	상권의 마지막에 '대일본제국전도'를, 하권의 부록으로 '조선지방전도', '세계전도' 및 각 부현도와 국방도를 싣고 있다. 대일본제국에 포함되는 섬들의 넓이를 비교하는 그림 속에 九州와 대만 등과 함께 제주도와 강화도, 울릉도 등이 삽화되어 있다. 이 가운데 울릉도는 일본에서 15번째로 큰 섬으로 표시되고 있으며, 독도는 아예 대상으로 하지 않았다

			(상권 3쪽).
十三道官內圖	불명	朝鮮總督府	지도첩으로 경상북도 전도를 그린 지도에 울릉도는 나타내고 있으나, 독도는 제외되어 있다.

<표 2>를 살펴보면 이 시기 조선의 지도는 개인이 만든 것도 있지만, 대체로 조선총독부에서 제작한 것이 많다. 제작이유는 새로이 신국토로 편입된 조선영토를 일반인에게 널리 알리는 한편, 조선지지를 조사하여 경제적으로 활용하기 위한 기초자료로서 제공하기 위하여, 나아가 내지인의 여행을 위한 안내차원 등에서 만들어졌다. <표 2>에서 드러난 내용을 바탕으로 울릉도를 비롯한 독도에 대한 일본의 인식을 분석해보면 다음과 같은 사실을 알 수 있다.

첫째, 일본은 독도가 한국령임을 인정하면서도 1905년 정부고시로 독도를 일본령에 편입한 후에는 일관성이 결여된 표기를 하고 있었다는 점이다. 이는 독도를 일본에 자의적으로 편입한 결과가 일선에 반영되는 과정에서 지도상에 독도를 표기하거나, 표기하지 않는 등 혼란스러운 형태로 드러나는 것을 통해 알 수 있다. 일본이 독도편입을 고시한 후 한국을 나타내는 지도상에서 독도 표시를 하지 않은 대표적인 서적으로는 특히 통감부에서 1906년 발간한 『韓國事情要覽』을 들 수 있다. 이 책은 서언을 통해 한국을 일본의 일부로 경영하고 한국에 체류하고 있는 일본인들에게 편의를 제공할 목적으로 편찬되었음을 밝히고 있다.19) 따라서 다른 어떤 종류의 책보다도 한국을 더욱 소상하게 소개하여야 할 필요성이 있음에도 불구하고, 울릉도는 물론 독도에 대한 설명을 빠트리고 지도에도 나타내지 않은 것이다. 이는 곧 독도에 대한 일본의 정책적인 의도가 개입되어 있는 것이라 볼 수 있다.

---

19) 統監府 總務部, 『韓國事情要覽』, 1906, <序頭>.

지도상에서 독도를 아예 나타내지 않은 것으로는 일본정부에서 편찬한
『最新朝鮮大地圖』, 『最近朝鮮事情要覽』, 『朝鮮地方全圖』(1923년), 『朝
鮮史のしるべ』, 『十三道官內圖』 등이 있다. 개인이 편찬한 책자들로는
『朝鮮誌』, 『(續帝國大地誌)韓國南滿洲』, 『朝鮮近世史』, 『朝鮮歷史地理』,
『日本地理大系』 12-朝鮮篇, 『朝鮮地方全圖』(1932년) 등이 있다. 이러한
책과 지도들은 1910년대 이후부터 1930년대 시기까지 연이어 출간되었는
데, 독도를 아예 지도상에 그려 넣지 않음으로써 한국령으로 인정하지 않
는 태도를 취하고 있었던 것이다.

반면 이와는 달리 지도상에 독도를 명확히 표시한 것으로는 통감부에
서 1910년 발간한 『最近韓國事情要覽』을 들 수 있다. 여기서는 독도를
울릉도에 속한 작은 부속도서로 나타내고 있다. 또한 조선총독부에서 편
찬한 『朝鮮各道府面間里程圖』를 비롯하여 개인이 편찬한 『韓國新地理』,
『竹島及鬱陵島』, 『朝鮮新地誌』, 『新日本地方別大地圖』: 朝鮮地方, 『朝
鮮大地圖』 등에서도 명백하게 울릉도뿐만 아니라 부속도서로서 독도가
위치해 있음을 밝혀놓았다. 이러한 사실은 1905년 독도편입을 일방적으
로 완료한 후인 1920년대, 1930년대까지도 일본에서는 독도를 한국령으
로 인정하는 일정한 흐름이 있어왔음을 의미한다.

그런데 독도를 한국영토로 인정하면서도 표기하는 데에 일관성을 나타
내지 못한 것은 정부의 정책과 일반에 퍼져있는 인식이 상호 충돌하는 과
정에서 혼란한 양상이 드러난 결과로 보여진다. 이점은 조선총독부에서
발간한 지도에서조차도 독도에 대한 표기를 두고 상호 충돌하고 있는 모
습에서도 볼 수 있다. 1920년에 발간한 『朝鮮各道府面間里程圖』에서는
독도를 울릉도와는 별도로 죽도라 명기하고 있지만, 비슷한 시기인 1923
년에 편찬한 『朝鮮地方全圖』에서는 독도를 아예 생략하는 등 그 자체로
혼선을 빚는 양상을 드러내고 있는 것이다.

　이는 개인이 편찬한 지도서에서도 동일하게 보이는 점이다. 특히 1907
년 발간한 『大日本現勢地図附錄』에서는 일본의 지지를 소개하면서 독도
에 대한 언급은 하지 않고 있다. 이는 곧 독도를 시마네현으로 편입시킨
후에도 일본영토로 인식하지 않았으며, 표기조차 하지 않았음을 보여주
는 것이다. 반면 1910년과 1937년에 각각 발간한 『朝鮮新地誌』와 『朝鮮
大地圖』에서는 독도를 죽도라 하여 명백하게 한국령 안에 표기하고 있
다. 이는 독도의 주권에 대한 일본의 인식을 확연하게 보여주는 것이라
할 수 있다.

　결국 일본은 정책상으로는 독도가 한국의 영토가 아니며 무주지라는
것을 주장하여 일본령으로 편입시킴으로써 이에 대한 이해를 확산시키려
했지만, 실제 내적인 인식면에서는 정부정책을 수용하지 못하고 착종되
는 흐름 또한 있어 혼란된 면면을 보이고 있었던 것이다.

　둘째, 일본은 상당한 기간동안 울릉도와 독도를 혼동해 왔지만 더 이상
울릉도의 별칭을 지도상에 표시하지 않아도 될 정도로 두 섬에 대해 명확
하게 구분할 수 있게 되었다는 점이다. 이는 곧 독도에 대한 인식이 보다
확실해졌으며, 독도를 조선지도 안에서 표기함으로써 한국령으로 정확하
게 파악하고 있었음을 의미하는 것이다.

　종래 일본은 한국의 지도를 그리면서 울릉도를 빠짐없이 그려 넣고 '松
島' 또는 '舊 松島', '竹島'라고 표기함으로써 두 개의 섬을 혼동한 적도
있었다. 울릉도를 죽도라고 표기한 지도는 1930년에 출간된 『日本地理大
系』 12-朝鮮篇인데, 이와는 달리 1937년에 발간된 『朝鮮大地圖』에서는
울릉도의 부속도서 즉 독도로 추정되는 섬에 죽도표시를 하였다. 이는 일
본내부에서 울릉도와 독도를 서로 혼동하는 상태가 오래 지속되었음을
보여주는 것이다.

　그러나 <표 2>에 따르면 울릉도는 송도 또는 울도로, 독도는 죽도 내지

죽서로 각각 표기하는 경우도 있지만, 울릉도라는 지명만으로 표기하는 경우도 점차 많아지고 있음을 볼 수 있다. 이는 울릉도와 독도에 대해 더 이상 별칭을 쓰지 않아도 혼동하지 않게 된 것을 의미한다. 이처럼 일본의 울릉도에 대한 적확한 인식은 동시에 독도에 대한 인식 역시 확실하게 가지고 있었던 것으로 판단할 수 있는 근거가 된다. 독도를 울릉도와 구분해서 그 부속도서로 정확히 인식하고 있다는 것은 독도 역시 한국령으로 파악하고 있었다는 반증이 되는 셈이다.

셋째, 한일병합 이후부터는 독도를 아예 한국의 지도상에 표기하지 않는 지도류가 대폭 증가하고 있다는 점이다. 한국의 전도를 나타낼 때 동해상에는 울릉도만 존재할 뿐 독도는 표기하지 않거나, 울릉도의 부속도서로서 섬만 표시할 뿐 명칭은 생략하는 형태로 나타난다. 이는 곧 일본 내부의 혼란된 인식을 잠재우고, 정부의 정책을 일관성있게 반영하게 하기 위한 의도가 작용한 것으로 보인다.

특히 1920년대와 1930년대를 거치면서는 『朝鮮各道府面間里程圖』, 『郡面界里程入朝鮮大地圖』, 『朝鮮大地圖』 등의 3종을 제외하고 거의 모든 지도류에서 독도를 표기하지 않았다. 이는 독도에 대한 일본정부의 일관된 인식이 부재한 가운데서도, 본격적으로 독도를 한국령으로 인정하지 않으려는 강제된 방침과 지침이 일선에까지 발효되고 있었음을 보여주는 것이라 할 수 있다. 즉 정부 차원에서 독도에 대한 혼란스러운 인식을 통제하고 조직적으로 통일해 나간 결과로 나타난 현상이라 볼 수 있는 것이다.

이처럼 이 시기 일본이 조선을 소개하기 위해 제작한 지도에서는 독도를 울릉도 옆에 확실하게 위치지운 상태에서 죽도라 이름붙인 것이 있는가 하면, 아예 독도 표시를 하지 않은 지도도 있고, 표시는 하였으나 죽도라 명명하지 않은 지도도 있는 등 매우 다양하게 나타난다. 이는 결국 일본이 독도가 한국령이라는 사실을 의도적으로 무시하여 표기하지 않으려

했기 때문에, 내부의 다양한 인식의 격차와 혼란이 생겨난 것이라 볼 수 있다.

특히 역사지리서의 서술경향과 비교할 때 한일합방 후에도 또한 일제시기 후반기에도 독도를 꾸준히 조선영토에 편입시켜 서술한 책이 많은 데 비해, 지도류에서는 독도 표기를 생략하는 경향이 점차 늘고 있었다. 그런 속에서도 부분적으로는 1930년대까지도 여전히 울릉도와는 별도로 독도를 표기함으로써 독도를 한국령으로 인식하는 일정한 흐름이 있었다. 이 점에서 일본정부의 방침이 실효적이었다고는 보기 어려우며, 일본 내부에 형성되어 있던 독도의 한국주권에 대한 인식을 정부가 강제로 조작·왜곡해 나가는데 한계가 있었던 점을 알 수 있다.

4. 맺음말

통감부시기와 일제시기를 거치면서 출간된 역사지리서 가운데 울릉도 및 독도에 대한 인식을 살필 수 있는 사례는 대표적으로 17종 정도이며, 지도류는 23종 정도이다. 이 시기를 거치면서 일본이 한국의 역사지리서를 적극적으로 발간한 목적은 한국이 일본의 보호국과 식민지가 된 것을 기념하고, 새로 편입된 신영토로서 한국의 지리와 역사를 일본민들에게 널리 알리고 교육시킬 목적에서였다. 또한 한국의 제반 지지를 탐색하여 다목적으로 활용하기 위한 현실적인 필요에서 책을 간행하였다.

그러나 일본에서는 한국령인 울릉도와 독도에 대한 정확한 인식이 없었기 때문에 두 개의 섬을 분명하게 구분하지 못한 채 혼동하고 있었다. 즉 울릉도는 송도로, 독도는 죽도로 명명하다가 울릉도를 송도, 울도, 죽도라고도 하고 독도를 송도라 하는 등 독도를 울릉도의 부속도서로 여기면서도 뚜렷하게 명칭을 구분하지는 못하였다. 두 개의 섬을 확실하게 구분짓지 못했다는 것은 독도에 대한 정확한 인식이 결여되었음을 의미하는 것이다. 이는 곧 일본 스스로 독도와는 관련이 없다는 관념 속에 젖어 있었음을 드러내는 것임과 동시에 주권의식 역시 가지고 있지 않았음을 나타내는 반증이 될 수 있다.

역사지리서의 전체적인 서술경향을 볼 때 독도에 대해서는 한국영토에 속하는 섬으로 구체적인 서술을 하는 경우, 울릉도의 부속도서로서 한국령으로 분류는 하되 구체적인 서술을 않는 경우, 한국영토나 일본영토 어디에도 포함시키지 않으면서 서술을 하는 경우와 생략하는 경우 등으로 대별할 수 있다. 이러한 경향은 일본정부가 독도를 일방적으로 시마네현에 편입시킨 이후 독도가 한국령이 아니라 일본영토라는 사실을 인식시키려 했지만, 전체의 시각으로 확산되지 못한 현실을 반영하는 것이다. 이는 결국 독도에 대한 인식의 혼란과 서술에서의 불일치를 불러오는 결과를 초래하게 되었던 것이다.

지도서의 경우에도 독도를 울릉도 옆에 확실히 위치지운 상태에서 죽도라 이름붙인 것이 있는가 하면, 아예 독도 표시를 하지 않은 지도도 있고, 표시는 하였으나 죽도라 명명하지 않은 지도도 있는 등 매우 다양하게 나타난다. 또한 1920년대 이후로 갈수록 울릉도의 별칭을 쓰지 않고도 독도와 구분할 수 있을 정도로 두 섬을 더 이상 혼동하지 않는 모습도 보이고 있었다. 독도를 울릉도의 부속도서로 파악하고 이에 대한 정확한 인식을 갖게 되었다는 것은 정부의 방침에도 불구하고 일본민들은 독도를 한국영토로 파악하고 있었음을 시사하는 것이다. 반면 한일병합 이후부터는 독도를 생략한 지도가 대거 등장하고 있어 독도를 일본영토화하려는 정부의 방침과 인식의 통제가 일선에까지 발효되고 있었던 사실도 확인할 수 있다.

역사지리서와 지도류의 서술경향을 비교해보면, 역사지리서에서는 한 일병합 직후와 일제시기 후반까지도 독도를 꾸준히 조선영토에 편입시켜 서술한 도서들이 더 많았다. 이에 반해 지도류에서는 독도 표기를 생략하 는 경향이 점차 늘고 있었다. 그런 속에서도 부분적으로는 1930년대까지 도 여전히 울릉도와는 별도로 독도를 표기함으로써 독도를 한국령으로 인식하는 일정한 흐름 또한 있었다. 이 점에서 독도에 대한 주권의식을 정부가 강제로 조작·왜곡해 나가는 데는 한계가 있었으며, 일본의 일방적 인 영토편입이 그 자체로 영토의식의 확대로 이어지지는 못했음을 확인 할 수 있다.

또한 일본정부 스스로 자국에 편입된 신영토로서 한국을 소개하고 새 로운 국경과 영토에 대한 범주를 정확하게 교육할 필요가 있었음에도 불 구하고, 독도에 대한 서술을 무시해 왔고 혼란된 시각 속에 있었다. 한국 영토에 포함시켜 서술하거나 애써 제외시키는 사례 등을 통해 독도에 대 한 통일되고 일관된 인식과 정책이 있었다고 보기 어렵다. 이는 현재 독 도를 일본영토라고 주장하는 저들의 역사왜곡이 얼마나 역사적 사실성과 설득력을 결여한 채 진행되어 왔는가를 자명하게 보여주는 것이라 할 수 있다.

제3장
일제시기 역사지리서에 반영된
間島 인식

1. 머리말

이 글에서는 1905년부터 일제시기를 거치는 동안 일본인이 저술·발간한 역사지리서를 대상으로 일본인의 '간도문제' 인식을 살펴보고자 한다. '간도문제'에는 한중간의 간도영유권 문제를 비롯하여 간도와 관련된 민족과 간도협약의 유효성 등을 포함한 전반적인 의제가 들어있다. 간도협약은 해방 후 학자들에 의해 그 무효성이 주장되었고, 한국에서는 간도영유권 주장의 필요성이 꾸준히 제기되어왔다.[1] 그에 따라 정부는 2004년과 2011년 두 차례에 걸쳐 국회의 외교통상부 국정감사를 통해 간도협약이 무효라는 입장을 밝혔다.

그러나 정부는 이 문제가 곧 간도영유권 해석에 직접적인 영향을 미치는 것은 아니라는 입장이다. 즉 간도영유권이 한중 어느 나라에 있는지 결론지은 것은 아니라는 것이다. 이는 곧 간도문제의 '현재성'을 의미하는 것이라고 볼 수 있다. 따라서 간도문제는 1880년대 감계회담을 하던 분쟁상태로 회귀되어야 한다는 목소리도 나오고 있다. 본 글에서는 간도문제의 현재성에 주목하면서 간도협약을 전후하여 일본이 간도영토권[2]

---

1) 간도협약이 무효라는 근거는 을사늑약이 무효이기 때문에 간도협약도 무효라는 것, 제2차 세계대전 후 중일간 체결된 모든 조약은 무효로 처리되었기 때문에 간도협약도 무효라는 것, 국제법상 조약의 제3국에 대한 효력문제로 보더라도 '서약은 제3자에게 해롭게도 이롭게도 하지 않는다'는 법원칙에 따라 한국에는 효력이 없다는 것 등 3가지 근거를 들 수 있다.—임경석 공편, 『한국근대외교사전』(성균관대학교 출판부, 2012), 30~31면.

2) 사전적 의미에서 영토권은 국가가 영토를 배타적으로 점유하며 사용하고 처분할 수 있는 권리이며, 영유권은 토지를 차지하여 가질 권리를 의미한다. 한중간의 갈등은 광활한 무인지대인 간도를 둘러싼 영유권 다툼으로 풀이할 수 있지만, 일본은 국경

에 대한 논리를 어떻게 전개해 나가고 있었는지에 대해 검토해 보기로 한다.

지금까지 간도문제에 대한 연구는 한중간의 국경선 비정과 관련하여 1712년 수립한 백두산정계비를 둘러싼 문제, 1880년대 두 차례에 걸쳐 진행된 한중간 국경담판과 관련하여 두만강과 토문강의 발원문제, 일청간의 간도협약을 둘러싼 양국간의 밀약, 나아가 최근에는 동북공정과 관련한 간도영유권 문제의 국제법적인 관점 및 간도에 대한 영토의식이 역사적으로 어떻게 변천해 왔는가 하는 문제까지 다루지 않은 영역이 거의 없을 정도이다.[3]

그동안의 연구에서 한중간의 영토권 분쟁과 관련하여 역사상 한국민의 간도에 대한 인식의 변천과정이나 당대 청국인들의 영토인식, 제3국으로서의 일본 및 러시아의 영토인식 등에 대한 고찰은 상대적으로 부진한 편이었다. 간도를 둘러싼 이해당사국 간의 영토인식을 교차적으로 살피는 것은 간도문제에 대한 입체적인 접근이라는 점에서 연구가 더욱 필요한 부분이라 생각된다.

이러한 가운데 1880년대 전통적인 화이질서 속에서의 조청관계와 한청통상조약 이후 달라진 한청간의 관계 속에서 전개된 국경정책에 대한 연구는[4] 두 나라간의 국제적 위상과 세력관계의 변화를 충분히 반영한 연구물로 평가된다. 그에 따르면 1880년대는 청과 조선이 상하관계 속에서

선 획정의 문제로 간주하여 '간도영토권' 이라는 용어를 사용하였다. 본 글에서는 당시의 표현을 살리기 위해 이 용어도 함께 사용하기로 한다.

3) 간도와 관련한 연구는 신기석,『간도영유권에 관한 연구』(탐구당, 1979); 최장근,『韓中國境問題硏究』(백산자료원, 1998) 등의 단행본을 비롯하여 그동안의 연구성과를 정리한 한철호,「근대 한중 국경조약과 국경문제의 연구현황과 과제」,『한중관계사연구의 성과와 과제』(국사편찬위원회·한국사학회, 2003); 국사편찬위원회,『한국 근대의 북방영토와 국경문제』(2004); 이일걸,「간도협약 체결 100년의 회고와 전망」,『백산학보』85(2009) 등이 있다.

4) 은정태,「대한제국기 '간도문제'의 추이와 '식민화'」,『역사문제연구』 17(2007).

청의 일방적인 주장으로 양국 국경이 관철된 시기라면, 대한제국기에는 한청의 달라진 국제관계와 간도지역의 지리적·국제법적 인식의 확대로 적극적인 간도식민화 정책을 추진할 수 있었다는 것이다.

이와 더불어 간도문제의 직접적인 당사국은 아니나 한국의 외교권을 대리하여 간도문제 해결의 대외적인 주권국 행세를 한 일본인들의 간도정책에 대한 연구도 상당히 진전되었다. 특히 일본의 한청간 간도문제에 대한 조사와 연구를 시기별, 기관별로 구체화시킨 글은 간도협약을 전후한 시기에 일본의 간도영유권 인식이 어떠하였는지를 탄력적으로 보여주고 있다.[5]

이에 따르면 간도문제를 동시다발적으로 조사한 일본 내 기관은 한국주차사령부, 통감부, 외무성 세 기관이었다. 먼저 한국주차사령부의 조사에 의해 간도영토화를 고려하게 된 일본은 통감부 구상으로 1907년 간도파출소를 설치하였다. 이어서 간도의 한국영토화를 위해 간도한민을 보호하는 등 역사적으로나 국제법적으로 간도가 한국영토임을 분명히 하였다. 그러나 외무성은 간도문제가 대중국 및 대한국 외교정책과 국제문제로 파급될 것을 우려하여 간도영토주권을 중국에 양보하고 만주 5현안을 일본에 유리하게 해결하였다. 즉 일본은 간도영토권이 한국에 귀속되는 것임을 인정하였으나, 국가적 이익을 위해 간도영유권을 중국에 양보하였다는 것이다.

이처럼 중국과 일본의 간도문제에 대한 인식과 태도가 어떻게 변화되어 왔는지에 대한 연구는 어느 정도 진전되었다고 볼 수 있다. 이를 바탕으로 본 글에서는 일본이 본격적으로 간도문제에 주의를 기울이기 이전에 가졌던 간도에 대한 시각, 간도의 영토권이 한국에 있다는 것을 전제

---

5) 최장근, 「간도문제에 있어서 일제논리의 수용 가능성」, 『한국 근대의 북방영토와 국경문제』한국사론 41(국사편찬위원회, 2004).

하고 난 뒤 이를 담보로 간도협약을 체결하는 과정에서 국가적으로 동원한 논리는 무엇인지 등을 살펴보려 한다. 특히 일제시기 발간된 역사지리서에서는 일본이 간도협약을 성공시킨 결과 스스로를 동북아에 있어서 평화와 화합의 중재자 역할을 한 것으로까지 서술하고 있다.

따라서 역사지리서에 서술된 일본의 논리와 주장을 분석해보면 제3국으로서의 일본의 간도영유권에 대한 인식을 살필 수 있을 것이다. 이를 토대로 한국의 간도문제에 대한 역사적 연원과 인식을 확고히 하는데 힘을 실을 수 있을 것이다. 또한 간도문제에 당면하여 일본이 어떠한 논리를 만들어 확대 재생산하고 있었는지를 분석함으로써, 이를 현재 독도를 중심으로 전개하고 있는 역사왜곡 논리의 또 다른 일면으로 실증할 수 있을 것이다.

이에 1905년 이후부터 일제시기를 거치면서 통감부 및 총독부와 민간이 발행한 역사지리서의 비교 분석을 처음으로 시도해보려 한다. 분석자료는 이 시기 발행되어 국회도서관, 국립중앙도서관, 일본국회도서관 등에 산재해 있는 총 70여 종의 대표적인 역사지리서 가운데 간도와 간도문제에 대한 일본의 인식을 살필 수 있는 자료만을 대상으로 하였다.6)

---

6) 약 70여 권의 간도 관련 도서는 총 도서목록상의 검색을 통해 이루어진 결과이며, 이 가운데 본 주제와 관련하여 의미 있는 내용이 수록된 책자는 표에 예시한 대로이다. 단, 1940년대에 발간한 도서 중에는 교과서만 몇 종 있을 뿐, 분석대상 자료가 상대적으로 부족한 편이다. 또한 교과서는 일본정부의 교육방침을 단순하게 담아내는 입장이었기 때문에 정부측 발간도서와 차별성이 없으므로 일선학교의 교과서 및 참고용 해설서 등은 분석대상에서 제외하였다.

2. 간도협약 이전의 간도에 대한 인식

통감부 시기부터 일제시기까지 조선총독부 또는 개인연구자가 편찬한 한국의 역사지리서 가운데 간도와 간도문제에 대한 서술이 포함된 경우는 대략 21종 정도가 된다. 그 가운데 간도협약을 체결하기 이전에 간도에 대한 일본의 단편적인 인식을 엿볼 수 있는 역사지리서는 6종 정도이다. 이들 책에 나타난 간도에 대한 인식의 실태와 서술내용을 일별해 보면 다음의 <표 1>과 같다.

<표 1> 간도협약 이전 역사지리서상의 간도 서술 실태와 내용

도서명 (간행년도)	편·저자	저술목적 및 책 소개	내용 및 분석
韓國 新地理 (1905)	田淵友彦 (다부찌 도모히코/ 지리학자)	한국이 일본의 보호국임을 세계가 공인한 상황에서 사할린·한국·만주의 일부 땅에 대해 새롭게 알아야 될 필요가 있다. 그에 따라 한국에 관한 지리·문화를 일반인에게 알리고 교육시키기 위해 저술하였다.	한중 국경에 대해 함경도의 북쪽은 "두만강 및 압록강에 연하여 청국 길림성과 경계하고 있다"(309면)라고 하여 간도지역은 청국에 귀속된 것으로 보고 있다. 한중 양국 간의 간도를 둘러싼 갈등문제는 서술되어 있지 않다.
韓國誌 (1905)	大藏省編 農商務省山 林己譯	일본 대장성에서 러시아 재무성의 對韓조사를 적확한 것으로 판단하고, 한국에서의 식산에 참고하기 위해 일역한 책이다.	청 건국 이후 조선과 청국 사이에 '중립지대'가 설정되었는데, 이 지역이 도둑의 소굴이 되자 이홍장은 군대를 파견하여 평정한 뒤 조·청 양 국민에게 개방했다(448면). 봉금지역이었던 간도를 중립지대로 개방하기 시작한 사실을 서술하였다.
外國地理 (1905)	神戶弥作 (고도야사쿠/ 지리학자)	중학교, 사범학교, 고등여학교에서 외국지리과의 예습용, 복습용, 각종고등전문학교 입학 수험용 및 소학교 외국지리과 교재편성 등의 목적에 충당하기 위해 편찬된 책이다.	한·청의 서북방의 경계는 장백산맥으로, 동북방의 경계는 백두산맥으로 구분된다(20면). 산맥 가운데 서쪽은 압록강이 경계이며 동쪽은 圖們江이 경계라고 서술하였다. 도문강은 두만강과 같다고 보았고(21면, 27면) 간도에 대한 구체적인 인식과 서술은 없다.
世界地理 (1905)	野口保興 (노구치 야쓰오키/ 지리학자)	일본의 학자 野口保興가 편찬한 세계지리서이다. 단순히 지리적인 부분만이 아니라 정치, 경제, 재정, 문화 등에 관해서도 간략히 서술하고 있는	한국의 극북은 두만강 연안의 永達 근방이며, 극동은 두만강 입구이다. 불함산맥 및 두만강은 러시아와 경계를 이루고, 압록강을 끼고서는 청국과 국경을 마주한다

	講述	것이 특징이다.	(33면). 두만강의 다른 이름은 圖們江이다 (34면). 간도 문제에 대해서는 구체적으로 다루고 있지 않다.
韓國事情要覽 (1906)	統監府 總務部編	책을 편찬한 목적은 별도로 밝히지 않았으나, 목차를 통해 보면 조선에 체류중인 일본인의 실생활에 도움을 주기 위해 조선에 대한 기초적인 지식과 통감부 관련 기관, 상업관련 통계, 관련 조약 및 법률 등을 엮어 편찬하였다.	한국의 국경선은 압록강과 圖們江으로 표시. 도문강은 두만강을 지칭한다(한국약도).
大日本現勢 地図附錄 (1907)	地理 研究會編	이 책은 지도의 부록으로 발행된 것이다. 일본의 판세에 한국 및 청국을 함께 수록하고 있다. 그러나 주된 서술은 일본의 지리에 관련된 것으로 한국 및 청국에 대한 언급은 소략한 편이다.	압록강과 함께 한국의 북쪽 경계를 이루는 강은 두만강이다. 회령 이하의 지역은 만주 길림성과 경계를 이루며, "조선 판도의 최북점"(34면)이라고 서술하였다. 따라서 간도는 자연히 중국 땅으로 간주되었다.

※ 저자 附記는 책의 서언과 국사편찬위원회 한국사DB를 참조하여 도서출간 당시의 활동과 역할 위주로 나타냈다. 책의 저술목적은 각 책의 서언에서 밝혀진 부분을 중심으로 발췌하였다.

<표 1>에 나타난 바와 같이 간도협약을 체결하기 이전에 출간된 도서 가운데 간도에 관한 서술과 인식을 미미하게나마 엿볼 수 있는 서적은 6종 정도이다. 이를 통해 이 시기 간도에 대한 일본의 인식을 살펴보면 다음과 같은 점을 파악할 수 있다.

우선 도서발간의 시기 및 주체를 비롯하여 목적과 동기를 분명하게 알 수 있다. 한국의 지리 및 역사에 관한 도서발간은 1905년 일본이 외교권을 강탈하던 시기에 꾸준히 늘고 있었다. 이후 해마다 한국관련 역사지리서가 발간되었다. 발간주체는 통감부를 비롯하여 대장성, 농상무성 등의 정부기관이 앞장서서 일익을 담당하였다. 민간의 전문 학자들과 이들이 중심이 된 지리연구회 등의 학회 차원에서도 외국의 지리를 단순히 연구하는 입장에서 한국 관련 역사지리서를 발간하였다. 즉 정부기관 뿐 아니라 역사지리를 전문적으로 연구하는 학자들이 핵심적인 발간주체였다.

발간의 동기와 목적은 정부기관과 민간 학자들이 조금씩 달랐다. 먼저 정부기관에서 출판한 책의 발간 동기는 대부분 한국에서의 식산활동과 한국에 체류하고 있는 일본인들에게 실제적인 도움을 주기 위함이었다. 이 경우에는 한국과 관련한 상업관련 통계나 관련조약 및 법률을 엮어내는 외에 한국의 국경선에 대한 서술을 하면서 간도지역을 언급한 내용이 대부분이다.

민간 학자들이 책을 발간한 동기와 목적은 크게 보면 외국으로서의 한국에 대한 정치, 경제, 문화를 소개하는 속에서 한국의 지리 부분에 중점을 두어 이를 일선학교의 교육 자료로 활용하기 위한 것이었다. 이는 어디까지나 '세계 속의 한국', '외국으로서의 한국'을 알고자 하는 단순한 의도에서 출발한 것이라고 볼 수 있다. 그러나 田淵友彦의 경우처럼 한국이 이미 일본의 보호국이 된 이상 일본의 부속국이나 다름없다는 시각으로, 한국을 일본 국민들이 새롭게 알아야 할 새로운 땅의 범주로서 접근하는 경우도 있었다. 이는 보호국을 넘어 '합방' 이후 단계까지도 고려할 정도의 매우 의미심장한 동기를 가지고 저술한 것으로 보인다. 이처럼 관민 양방향 모두 발간동기는 대체적으로 외국으로서의 한국에 관한 지리를 일본국민에게 교육시킨다는 명분이었다.

그렇다면 이러한 책자들에서 간도지역은 어떻게 기술되고 있었으며 관민 모두의 인식은 어떠했는가? 우선 간도지역을 행정구역상 압록강과 두만강을 경계로 하는 한중 국경선의 두만강 이북에 존재하는 땅으로 서술함으로써, 그 소속은 자연히 중국측에 귀속되는 것으로 인식하고 있었다. 이와 더불어 한중간 동쪽 경계를 도문강으로 보고 도문강은 곧 두만강이라고 서술하였다. 백두산정계비를 둘러싸고 양측간 혼란을 빚는, '토문은 송화강의 지류인가 두만강인가'7) 하는 문제에 대해 구체적인 언급은 없

---

7) 백두산정계비에서 한중 양국의 경계를 송화강의 지류인 토문강으로 정한 것은 지리에 밝은 한국인의 인식에 의한 것이었던 반면, 중국은 두만강을 경계로 삼으려 의도하다가 두만강 상류를 토문강으로 오인하여 정계비에서 토문에 합의한 것이다. 중

는 편이다. 다만 도문을 두만강과 동의어로 풀이하고 있고, 간도지역을
한중 국경선 이북에 두는 등 백두산정계비의 내용을 거론하지는 않는 가
운데 국경선에 대한 인식만 있을 뿐이다.

이처럼 국경선과 관련된 일관된 서술은 백두산정계비에 나타난 경계를
재확인하며 언급하는데 그치고 있다. 간도문제와 관련해서는 청 건국 이
후 설정된 중립지대부터 간도를 개방하기까지의 역사를 서술하는데 그칠
뿐, 간도의 귀속문제까지는 다루지 않았다. 大藏省에서 발간한 『韓國誌』
의 경우에도 '滿韓 양국간의 중립지대', 즉 간도가 있었음을 서술하면서
도둑소굴이 된 중립지대를 이홍장이 평정한 후 한중 양 국민에게 개방한
사실만을 서술하고 있다.

실제 간도는 19세기 후반 이래 한청 양국의 통치가 공존하는 상태였다.
청은 1881년 간도지역에 살고 있던 한인들의 귀화 및 쇄환을 요구한 이래
다양한 방법으로 자국영토화 하려는 정책을 단행해 나가고 있었다.[8] 간
도에 거주하는 한인들에게 청의 변발과 청국 복색을 강요하기도 하여 월
간민들의 원성을 사기도 하였다. 한국에서는 청국 비도가 재산을 늑탈하
자 주민보호를 위해 이범윤을 간도시찰사로 파견하여[9] 청비를 초멸하게
하였다. 또한 청국 관원들에게 붙잡혀가 재물을 토색당하던 백성을 도로
찾아오기도 하는 사건들이[10] 비일비재하게 일어나고 있었다.

국은 이러한 오류를 시정하기 위해 토문강과 두만강이 동일한 강이라는 것을 계속
주장하기에 이르렀던 것이다.—최장근, 앞의 논문(2004), 180~181면 참고.
8) 한중간 간도지역에 살고 있던 양국 주민들을 상호 쇄환하거나 상대국에 항의한 사
건은 숙종년간인 1715년부터 1887년 감계회담이 이루어질 때까지 꾸준히 발생하던
문제였다. 이에 대해서는 김현영, 「조선후기 朝·淸 변경의 인구와 국경 인식」,『한
국 근대의 북방영토와 국경문제』(국사편찬위원회, 2004), 126~127면 참고.
9)『고종실록』고종40년(1903) 8월 11일.
10)『제국신문』1902년 8월 13일·11월 13일, 1903년 1월 22일 <잡보>.

이러한 가운데 조선 민중의 간도에 대한 영토의식은 확고하여 "간도는 본래 조선의 토지인데 한국과 청국 간에 서로 지경을 다투어 확실한 귀결이 없던 중 이범윤이 널리 사적을 구해 토문강이 우리의 경계라는 확실한 증거를 수집하여 北輿要撰이라는 책을 펴내니 역사와 지리를 통해 간도가 우리 땅임을 밝힌 대표적 공로이다"[11]라며 이범윤의 공과 덕을 높이 칭송하기도 하였다. 일진회 또한 서간도의 인민을 보호하고 식산흥업을 도모하자는 청원을 정부에 올리기도 하는 등[12] 간도는 명실공히 한국의 영토로 인식되고 있었다.

일본이 한중 양국간에 간도영유권을 둘러싼 영토문제가 존재한다는 사실을 알게 된 것은 러일전쟁을 수행하면서부터이다. 당시 일본은 양국간 간도문제에 개입하여 전쟁이 끝난 후 해결할 것을 촉구하는 선에 머물렀다.[13] 그러나 한국 외교권 강탈 후에는 국제사회에서 보다 합법적으로 영토문제에 개입할 수 있는 여건이 마련되었다. 더욱이 일진회가 일제의 한국주차사령부에 간도영유권 회복을 호소하자, 한민을 보호한다는 명분으로 간도 현지에 파출소를 세우게도 되었다.[14]

일본의 입장에서는 한국의 외교권 강탈에 이어 합방의 수순까지 밟게 되면 간도지역 역시 일본영토가 될 것이므로 관심이 고조될 수밖에 없는

---

11) 『제국신문』 1903년 6월 25일 <논설>.

12) 『제국신문』 1905년 10월 6일 <잡보>.

13) 최장근, 「일제의 간도정책에 관한 성격 규명―『조선 간도 경영안』을 중심으로」, 『일어일문학』 43집(일어일문학회, 2009), 362면.

14) 일본이 1907년 통감부 임시간도파출소를 설치하기 시작하여 그 관제를 조직, 發布한 시기는 1908년 4월 10일이다(朝鮮總督府, 『統監府時代に於ける間島韓民保護に關する施設』, 20~23면). 파출소 조직이 완료된 후 내각총리대신이었던 이완용은 간도에 살고 있는 한국인의 보호를 보다 주밀하게 하기 위하여 간도헌병분견소에 주사와 순사를 증파해 줄 것을 통감부에 요청하기도 하였다.―『舊韓國外交關係附屬文書』8, 間島案 <照覆 제390호>, 1908년 8월 29일.

상황이었다. 따라서 일진회의 요청 이후 1905년 12월 일제의 한국주차사령부가 간도에 대한 조사를 단행하였고, 그 뒤를 이어 1906년과 1907년에 외무성과 간도 임시파출소에서도 향후에 제기될 영토문제에 대비하기 위한 조사를 시행하게 되었던 것이다.15) 이 때의 조사는 백두산정계비에서 비롯되는 한중간 양측의 분쟁발생 경위부터 두 차례의 감계담판에 이르기까지의 간도문제가 자세하게 진행되었다. 간도의 역사와 지리가 전방위적으로 탐구되었다고 볼 수 있다.

그러나 간도협약 이전에 실시된 정밀한 조사는 정부차원에서 다양한 물밑 조사와 검토를 하는 단계에 있었기 때문에 정작 이 시기 역사지리서에까지 반영되지는 않았다. 역사지리서에는 다만 세계 속에 하나의 나라로서 한국을 다루고, 가까이에 있는 외국으로서의 한국을 소개하면서 중국과 닿아있는 한국의 국경선을 서술하고 있는 정도였다.

3. 간도협약 이후의 ‘간도문제’ 서술실태와 인식

일본은 1907년 8월 간도파출소를 설치한 이래 근 2년여에 걸쳐 중국과의 회담을 거치고, 사전 조사를 통해 간도가 한국의 영토라는 결론을 내리게 되었다. 특히 외무성에서는 다음과 같은 이유로 한국 측 주장을 지지할 수 있는 논거를 제시하기도 하였다. 즉 간도는 본시 無主의 땅이었다는 것, 한국은 예로부터 간도에서 人的·地的 주권을 행사하여 왔다는 것, 청이 두만강 대안에 가옥을 건축한 데 대해 한국정부의 항의를 받자 해당가옥을 철거하고 청인의 촌락을 금한 것으로 보아 두만강 분계설에

---

15) 최장근, 앞의 논문(2004), 178면.

확신이 적다는 것, 한국이 이범윤을 간도로 파견하여 두만강 좌안일대를
관할한 사실에 비추어 보아 한국령이 명백하다는 것 등이었다.[16]

일본의 입장에서는 한국을 조만간 병합할 계획이었기 때문에 간도가
한국의 영토가 될 경우 간도 역시 일본의 영토로 편입되게 되므로 그에
따른 부가가치는 엄청난 것이었다. 따라서 외교권을 상실한 한국을 대신
하여 중국과 협상에 나선 일본은 먼저 간도가 한국영토임을 적극 전제하
였던 것이다. 그러나 청이 간도문제에 대해 절대 양보하지 않으려 하자[17]
일본은 청의 간도영유권을 인정해주는 대신 시급한 현안 모두를 일괄 타
결하는 방식이 득책이라고 판단하였다.[18]

이에 일본정부는 이른바 '東三省六案'의 경제적 이권을 해결하는 수단
으로 간도영토권을 중국에 넘기는 수순을 택하였다.[19] 그 결과 1909년 9
월 4일 내각고시 제41호를 통해 일·청 두 나라 간에 간도협약을 체결하였
음이 공식 선포되었다. 아울러 간도에는 일본국 총영사관 분관을 설치하
여 간도에 살고 있는 한국민들을 보호하고 관리하게 되었다는 사실도 발
표되었다.[20]

---

16) 국회도서관, 『간도영유권 관계 발췌문서』(일본외무성·육해군성문서, 1975), 123~
  127면.
17) 같은 책, <日本政府 外務省에서 調査한 間島所屬問題에 관한 日淸兩國 主張
  의 要項> 160~163면참조.
18) 같은 책, <間島問題에 관한 日本政府의 方針>, 308~309면.
19) 東三省六案이란 흑룡강성·길림성·봉천성에 관한 전5안과 후1안의 6개의 안으로
  ① 만주 철도의 병행선인 신법철도에 대한 부지권 문제 ② 대석교와 영구간의 기선
  문제 ③ 경봉철도를 봉천성 밑까지 연장하는 문제 ④ 무순 및 연대의 탄광채굴권
  문제 ⑤ 안봉선 연안의 광무문제 ⑥ 간도귀속문제를 의미한다. 전5안은 청이 일본
  에게 허여할 만주에서의 이권이며, 후1안은 그 댓가로 일본이 간도영유권을 청에게
  인정해 주겠다는 것이다.― 노영돈, 「청-일 간도협약의 무효와 한국의 간도영유권」,
  『한국 근대의 북방영토와 국경문제』한국사론41(국사편찬위원회, 2004), 12~14면.
20) 『순종실록』 융희 3년(1909) 11월 8일; 『舊韓國外交關係附屬文書』8, 間島案

　　일본의 입장에서 볼 때 간도협약을 통해 상당한 경제적 이득을 취하게
된 것은 기뻐할만한 일이었다. 반면 한국영토로 인정했던 간도영토권을
중국에 넘긴 사실이 드러나게 되면 도의적인 면에서 국가이미지가 실추
하게 될 것은 자명한 일이었다. 따라서 일본은 간도를 둘러싼 한중 영토
분쟁과 이에 개입하게 된 경위 등에 대해 스스로를 합리화하고 정당화할
수 있는 논리를 개발하여 국민들에게 알릴 필요가 있었다. 그 과정과 실
상을 고스란히 드러내고 있는 것이 이 시기에 서술된 역사지리서이다. 다
음의 <표 2>를 살펴보면 간도협약 이후 일본이 역사지리서를 통해 간도문
제를 어떻게 인식하고, 그들의 논리로 서술하려 했는지를 파악할 수 있다.

<표 2> 간도협약 이후 역사지리서상의 간도 및 간도문제 서술 실태와 내용

번호	도서명 (간행년도)	편·저자	저술목적 및 책 소개	내용 및 분석
1	最新 朝鮮地誌 (1912)	日韓書房 編輯部 編	경성에 있던 日韓書房의 편집부에서 上田駿一郎(내무부 학무국 편수관 역임)의 교열 하에 편찬해낸 지리서이다. 종래 조선지리서는 일본지리에 附記하거나, 만주지리에 포함시켜 서술했기 때문에 대강의 요체만을 파악할 수 있었다. 따라서 이러한 폐단을 보완하여 세밀한 지리서로 펴낸 책이 『조선지지』이다.	조선의 산맥과 하천을 소개하는 장에서 두만강은 圖們江이라고도 한다고 서술하였다. "만주와 조선의 경계에 흐르는 두만강 상류는 별도로 魚潤江이라 한다. 따라서 청나라 사람들이 송화강 상류의 土門江과 어윤강을 혼동하는 오류를 인식해야 한다. 간도문제는 이 점과 관련, 양국이 견해를 달리하는 데서 기인하는 것이다"(22면) 라고 하여 백두산정계비에서 가리키는 토문강이 두만강이 아닌 송화강 상류임을 밝히고 있다. 즉 백두산정계비와 관련, 중국측 주장을 반박하고 있다.
2	間島事情 (1918)	東洋拓殖株 式會社 京城支店	동양척식주식회사에서 간도를 소개하기 위해 편찬하였다. 간도의 역사·지리·정치·경제·산업·교육·종교·위생 등 각 방면의 정보를 수집하여 소개하고 있는 것이 특징이다. 그 중에서도 특히 경제 및 산업 분야를 중점적으로 서술하였다.	간도분쟁과 관련된 서술은 제1장 간도의 역사적 관계에서 '간도와 淸韓 양국의 관계'라는 절을 따로 구성하여 설명하고 있다. 1712년 백두산정계비를 세운 이후 비문에 대한 한중간 해석의 차이, 러일전쟁기를 거치면서 일본이 간도파출소를 세워 간도지역을 관리하게 된 경위, 일본이 중국과 간도협약을 체결함으로써 장기간 끌던 분쟁이 평화적으로 해결된 사실 등을 서술하고 있다(22~28면).
3	最新朝鮮地 誌 (上中下)	朝鮮及 滿洲社 編	조선의 지리서에 관한 출판물은 지극히 미미한 상태로서 병합 이전의 출판물은 한 두 종에 불과	책의 하편 부록에서 간도를 다루고 있다. 그 내용에 따르면 "간도는 예전부터 청과 한국 어느 나라에 속하는 땅인지 미결정된 곳이었다. 청은 자기네 땅이라고 여겨 그곳에 살던

<日·淸協約締結로 因한 間島總領事館開設通告>, 1909년 11월 1일.

	(1918)		하고, 병합 이후에는 조선을 알고자 하는 사회적 욕구는 많아졌으나 참고자료가 많지 않아 한국을 가르치는데 어려움이 많다. 특히 일본내지의 학교에서는 매우 어려운 실정이기 때문에 본 지리서를 발간하여 사회적 요구에 부응하기로 하였으며, 일선학교의 교과서로 활용할 목적으로 저술하였다.	한국인들을 억압하였고, 간도지역의 한국인들은 조선정부에 보호를 요청하기도 하였다. 명치42년(1909)에 청이 많은 군대를 간도에 파견하여 세력을 떨치자, 일본은 단호히 한국의 영토임을 주장하여 위기를 모면해주었다. 일청협약의 결과 도문강으로서 淸韓 양국의 국경을 삼고, 강원지방은 장백산의 정계비부터 石乙水를 경계로, 龍井村·局子街·頭道溝·百草溝를 외국인의 거주지로 개방하여 일본은 이들 땅에 영사관의 분관을 설치함으로써 다년간 풀리지 않던 간도문제가 해결되게 되었다"라고 기술하였다. 나아가 일제는 1909년 10월 27일 통감부 임시간도파출소를 폐쇄하고 제국총영사관을 개관하여 오늘에 이른 것으로 서술하였다(1~2면). 즉 간도협약으로 한국령 간도를 중국에 넘겨주는 대신 일본이 갖게 된 이익은 생략한 채, 양국 간의 오랜 숙원을 해결해준 시혜자인 듯 역사를 기술하고 있다.
4	朝鮮一般史 (1923)	朝鮮史學會	조선역사는 대륙과 일본의 사료와 긴밀한 관계를 가지며 서술되어야 한다. 또한 조선의 역사에 대한 연구와 일본사 및 유럽사에 대한 연구를 떼어놓고 진행하기는 어렵다. 이 책을 서술한 목적도 조선의 현재 비중과 중요성이 날로 커지기 때문에, 조선반도의 연혁과 조선민족의 성립과정을 정확히 연구하기 위해서이다.	간도문제라는 小節을 통해 간도문제의 시말을 기록하였다. 한청 양국은 간도를 사이에 두고 충돌을 빚었으나, 일본은 安奉鐵道의 개축문제와 撫順烟臺炭抗還附問題 등의 현안을 통과시키는 대신 간도의 영토권을 청에 양여함으로써 간도분쟁이 해결된 것으로 서술하였다(178~179면). 간도분쟁에 관한 서술에서는 간도가 어느 나라에 속하는 땅인지에 대한 인식을 불분명하게 드러내고 있고, 한청간 첨예하게 대립하고 있던 간도영토권을 일본이 현안을 해결하는 수단으로 청에 넘겼으며, 이로써 오랫동안 끌어왔던 간도문제가 해결되었다는 등의 일관된 태도를 보이고 있다.
5	北鮮間島史 (1925)	永井勝三 (낭아이 가쓰잔/역사·지리학자)	일본 학자들은 두만강 유역을 일본·중국·러시아의 접경지로서 동양의 발칸지대로 인식할 정도로 정치·경제상 주요한 지역으로 보고 있다. 그러나 그동안 일본·중국·조선의 역사를 단편적으로만 서술해왔기 때문에 조선의 역사를 알기가 어려웠다. 이 책이 편찬된 뒤 비로소 "조선을 사회 경제적으로 경영하고자 하는 경세가들의 참고자료가 될 만하다"는 평가를 받게 되었다.	圖們江은 속칭 고려강이라 하고 豆滿, 土們, 統們, 徒門 등으로도 기록한다고 하였다(14~15면). 그러나 도문강은 두만강의 중국식 발음일 뿐, 송화강의 한 지류인 토문강과는 별개의 강이라는 한국 측 시각에 대해서는 언급이 없다. 책의 출간이 간도협약 이후이므로 중국측 시각을 수용하고 있는 것으로 보인다. 한편 백두산정계비의 건립과정과 조·청 양국간의 분쟁에 대해서는 "나라의 경계를 조사한 결과 서쪽은 압록강 본류로, 동쪽은 土門江으로 국경을 확정지으면서 다년간에 걸친 분규를 해소"한 것으로 서술하였다. 그러나 비문의 토문강은 그 명칭에 대한 의혹이 후대에까지 지속되면서 "조선에서는 토문은 두만강이 아니라 송화강 상류의 토문이라 하고, 청국은 토문이나 두만이나 모두 여진어로 Tumen의 譯字라고 하여 소위 동간도문제가 야기되었다"(228~238면)고 하였다.
6	最近間島事情 (1927)	牛丸潤亮·村田懋磨 (우시마루 준료·무라다 시게마로/역사학자)	이 책은 간도에 대한 제반 정보를 담고 있는 간도사이다. 북조선과 맞닿아있는 간도는 인구는 적고 각종 자원이 풍부한 곳으로 일본의 이익을 위해 매우 중요한 지역이며 한일병합 이후 사람들의 이목이 집중된 곳이다. 일본에서는 간도지역의 산업과 무역에 대한 제반 정보를 조사, 연구하여	'간도문제'는 조선이 1883년 서북경략사 어윤중을 파견하여 백두산정계비를 답사한 후 간도는 청국의 영토로 보기 어렵다는 뜻을 나타내면서 발단이 되었다. 이후 토문강의 위치비정은 양국간 현안이 되었다. 러일전쟁 후 일본은 조선통감부 간도파출소를 설치하여 한인 보호정책을 폈다. 곧이어 간도를 조선의 영토로 간주한다는 성명을 통해 일본정부의 단호한 방침을 나타냈다. 그러나 대국적인 견지에서 일의 경중을 헤아리고 일본과 중국의 친선을 생각하여 남만주철도 부설권과 撫順 탄광

			간도를 보다 많이 알고자 하는 사회적 요구에 충실히 부응하려는 움직임이 증대되었고, 이 책도 이러한 일환으로 출간되었다.	개발권 등의 이권을 얻는 대신, 간도지방의 영토권을 청국에 양보하는 간도협약을 체결하게 되었다고 서술하였다. 결국 한·청 양국간의 지리적 마찰 끝에 일·청이 간도협약을 체결함으로써 국경분쟁의 대단원의 막을 내리게 된 것으로 서술하고 있다(41~50면).
7	日本地理大系 12 <朝鮮篇> (1930)	改造社 編	일본 내의 대학교수들과 고교교사들이 한데 모여 조선을 일본지리의 한 범주로 이해하고 역사에 대한 간략한 서술을 하기 위해 집필, 편찬한 사전적인 지리역사서이다.	간도분쟁에 얽힌 역사적 연원을 간략하게 설명하였다. "백두산정계비에 있는 土門이라는 문자가 논쟁의 중심이 되고 있으며 조선측은 토문을 송화강의 상류라 하여 토문강 동쪽은 우리들의 영토라 하고, 청국은 토문을 두만강과 같다고 하여 토문강 이북은 청의 영토라고 주장하였다. 이 문제는 오래도록 풀리지 않았는데, 통감부 설치 후 1909년 일본과 중국이 간도협약을 체결하여 두만강을 청·한 양국의 국경으로 삼고 江源 지방에서는 정계비를 기점으로 石乙水로서 양국의 경계를 삼는다는 결정을 내려 다년간에 걸친 문제가 해결되었다"(258면)는 것이다. 즉 일본이 자국의 이익에 따라 간도영유권을 청에 넘겨주었으면서도, 한국과 중국의 중재자로서 간도문제를 해결한 당사자인 것으로 서술하였다.
8	間島問題の回顧 (1930)	篠田治策 (시노다 지사쿠/간도통감부임시파출소 총무과장, 이왕직장관, 경성제대총장)	법학박사로서 간도통감부 파출소의 총무과장이었던 저자가 국제법에 해박한 지식으로 국가를 위해 일했던 과거를 회상하며 간도문제의 본질에 접근해야 할 필요성을 가지고 서술한 책이다.	일본이 한국의 외교권을 위임받은 뒤 간도에 일본관헌을 파견한 이유는 간도문제를 한국에 유리하게 해결하려는 것이었다(2면). 그러기 위해서는 "간도는 한국의 영토라는 것을 전제하는 것이 마땅하다"(7면)고 정부에 주장하면서 간도문제를 역사적, 법률적으로 연구하였다. 결국 일본은 국가적 이익을 위해서는 간도가 조선의 영토여야 하고, 또 그래야만 청과의 협의가 원만히 진행되리라는 것을 계산하고 있었음을 보여준다. 저자는 압록강 대안 및 훈춘방면을 청국영토로 하고, 간도 일대를 조선의 영토로 하는 것이 최선의 공평한 방법이라고 보았다(16면). 그런 점에서 간도협약은 외교적 실패로 간주하였다.
9	統監府時代に於ける間島韓民保護に關する施設 (1930)	朝鮮總督府	통감부시기 일본이 간도에 통감부파출소를 설치하고 간도에 있는 한국민을 '보호'했던 사실을 당시 파출소의 총무과장이었던 법학박사 篠田治策이 그때의 기록에 근거하여 서술한 책이다. 1930년 조선총독부는 '在外 조선인 보호문제의 자료보존을 위하여' 이를 다시 간행하였다.	간도문제의 기원(5~7면), 백두산정계비의 '東爲土門'을 둘러싼 간도논쟁(7~9면), 조·청간 두 차례에 걸친 감계회담, 한국으로부터 외교권을 위임받은 일본이 통감부 간도 파출소를 설치하여 보호권을 행사한 사실(15~18면) 등 간도문제와 관련하여 거의 모든 사실을 상세하게 서술하였다. 청국이 간도에 대병을 파병하려 하자 일본은 이를 경고하여 저지시키고, 파출소로 하여금 한민을 회유하고 보호하는 강구책을 꾀해 나가도록 하였다. 당시 일본정부의 입장은 '간도는 한국영토'라는 것이었다. 일본은 간도협약을 통해 다년간의 분쟁을 전부 해결하였다고 언급하고 있지만(18면), 그로 인해 일본이 얻게 된 정치·경제·사회·문화적인 이익에 대해서는 소략하였다.
10	間島の槪況 (1932)	陸軍省 調査班	일본육군성에서 간도의 현황을 조사하여 출판한 책이다. 발간 목적은 滿蒙 신국가를 건설함에 있어서 간도 그 범주 안에 들어가기 때문에 일본인의 이주를 적극 장려하여, 이상적인 樂土를 건설하는데 참고자료로 활용하기 위함이다.	간도의 지리적 위치와 역사를 다루면서 간도를 둘러싼 영토분쟁의 경위를 서술하였다. 이성계가 여진족을 토벌한 후 간도지역을 장악하였다는 점, 이후 여진이 금나라를 세운 뒤 간도를 공략해 조선과의 사이에 중립지대로 합의한 사실, 19세기 중엽 조선의 북부지역에 큰 흉년이 들자 조선인들이 간도에 대거 이주하여 농사를 짓게 되었고 중국인들 역시 정착하여 살게 되었다는 점, 중국은 간도를 자국영토라며 조선인 墾民들을 그 지배하에 두고자 하였다는 점

				등을 서술하면서 이때부터 양국간 국경분쟁이 야기된 것으로 보았다. 내용 가운데는 "한국이 일본의 보호국이 된 후 일본은 통감부 임시간도파출소를 설치하여 간도에 있던 조선인을 보호하였다. 이로써 조선민은 다년간에 걸친 청의 폭압과 능욕에서 벗어나게 되어 이를 반가위하였다. 간도협약에 의해 간도는 청의 영토가 되어 오늘에 이르렀다."(4면)라고 하여 일본을 간도분쟁을 해결한 시혜자인 듯 묘사하고 있음을 볼 수 있다.
11	間島之現勢 (1935)	太田勝 (오오다 마사루/지리학자)	만주국이 건국된 이래로 일본국민의 만주에 대한 관심이 부쩍 늘어났고, 만주는 세계열강도 호시탐탐 넘보고 있는 '동양의 大寶庫'로서, 일본이 타국인보다 이 지역에 대한 연구를 먼저 시작하여 긴요한 지식을 알릴 필요가 있다고 판단되어 기획한 책이다.	한·청간에는 양국민들의 쟁의와 관리 및 소속문제를 두고, 또한 백두산정계비의 비문해석을 둘러싸고 간도분쟁이 시작되었다. 일본이 조선을 보호국으로 삼은 후, 참정대신 박제순이 간도에 거주하는 한인들의 보호를 요청해오자 일본은 한인보호를 위해 간도에 통감부 간도파출소를 설치하였다. 이를 계기로 일본은 "간도를 한국의 영토로 한다"(16면)는 사실을 명백히 하였다. 1909년 청·일 양국간 간도협약을 통해 한·청 양국의 국경은 도문강으로 하고, 다년간 양국의 분쟁이었던 간도의 예속문제는 청으로 귀결되었으며, 통감부 임시파출소는 간도 총영사관이 되었다(21~22면). 이렇듯 이 책에서는 간도문제와 관련된 역사적 쟁점과 과정들을 훑어보고 있다. 이를 통해 일본은 처음부터 간도를 조선의 영토로 인식하고 있었음을 알 수 있다.
12	咸北小史 (1935)	咸鏡北道	함경북도에서 鶴見立吉(조선사편수회 修史官補 역임)을 사료 편찬위원으로 임명하여 사료를 취합한 끝에, 함경북도 업무 및 북조선연구에 정보를 제공하기 위해 편찬하였다.	간도문제의 시발과 관련하여 백두산정계비문의 "東爲土門"을 둘러싼 조청간 다른 주장을 소개하였다(281면). 한국의 간도시찰사 파견과 中 측이 조사한 자료를 취합하여 편찬한 자료인 『北興要選』에 대해 서술하였다. 간도문제는 일본이 외교권을 차지한 후 교섭에 임하여 지나의 영토로 인정함으로써 무사히 해결된 것으로 기술하였다(306-307면). 여기서도 일본은 평화를 안착시킨 주인공으로 묘사되고 있다.
13	朝鮮と滿洲案內 (1937)	釋尾春芿(샤쿠오 조/朝鮮及滿洲社장겸주필, 조선고전간행회대표) 校閱	일본은 앞장서서 조선을 지도해야 하고 개혁과 발전의 길로 이끌어 주어야 한다. 아울러 만주까지도 발전을 이룰 수 있도록 도와주어야 한다. 이 책은 이러한 사명감과 투철한 책임감으로 조선과 만주를 동격에 놓고 중요시하면서, 그 지리적 중요성을 알고자 하는 취지에서 편찬되었다.	만주편의 간도성을 설명하는 장에서 "간도는 조선인이 도문강을 건너와 개척한 땅이다. 따라서 인구도 조선인이 매우 많고, 내지인의 활동도 남만지방 다음으로 활발하다"(101면)고 하였다. 간도영유권과 관련된 설명은 생략하고 있지만, 간도가 명실공히 한국의 영토로 인정되었음을 서술하고 있다.
14	北鮮地方 (1940)	朝鮮總督府鐵道局 編	北鮮, 즉 함경남·북도 일대를 여행하는 사람들을 위한 안내서로서 출간되었다.	북선의 지세를 설명하는 부분에서 "백두산에서 발원한 압록강과 두만강은 만주국과의 국경을 형성하고, 두만강 하구 부근에서는 소련령과의 경계를 이룬다. 평야는 일본해와 만나는 해안선을 따라 산재해 있다"(2면)라고 되어 있다. 간도협약 이후 일관되게 압록강과 두만강을 국경으로 이해하고 있음을 볼 수 있다. 圖們에 대해서는 간도분쟁에 대한 더 이상의 설명은 없이 다만 간도성 총영사분관과 일본상공회의소, 세관, 전매국, 경찰서, 郵局, 일본인소학교, 은행 등의 각종 기관이 소재하고 있음을 밝히고 있다.

| 15 | 日本地理: 朝鮮·臺灣· 關東州· 南洋 (1941) | 桝田一二 (마쓰다 이찌지/ 지리학자) | 이 책은 학교 학습에 있어서 지리교육의 기초적인 지식을 튼튼하게 하고, 일반 독자들의 취미를 풍부하게 하여 지리에 대한 이해와 취미를 배양하게 하기 위해 집필되었다. 특히 조선과 대만, 관동주 및 남양 등 외지 부분의 지리적 특성과 현상을 상호 비교하여 찬술함으로써 일선 지리교육 현장에서 교육자료로 활용하려 하였다. | 조선의 두만강과 압록강을 만주국과 경계를 이루는 국경하천으로 소개하였다. 특히 백두산을 중심으로 서남쪽으로 흐르는 압록강과 동북쪽으로 흐르는 두만강에 의해 일찍이 중국 및 소련령인 연해주와 자연경계를 이루게 되었다고 하였다. |

※ 저자 附記는 책의 서언과 국사편찬위원회 한국사DB 및 조선총독부 관보DB를 참조하여 도서출간 당시의 활동과 역할 위주로 나타냈다. 책의 저술목적은 각 책의 서언에서 발췌하였다.

<표 2>를 통해 알 수 있는 것처럼 한일병합 이후 일제시기를 거치면서 이른바 '간도문제'에 대한 일정한 시각과 논리를 담고 있는 책자는 15종 정도이다. 책 발간의 주체는 조선총독부, 동양척식주식회사, 육군성 등 일본정부의 주요 기관들이다. 또한 朝鮮及滿洲社를 비롯한 유수의 출판사들과 당대 저명한 역사지리학자들이 중심이 되어 '국민교육'을 목표로 저술한 책이 대부분이다. 때문에 책의 내용과 주장들은 일본정부의 입장을 대변하는 것으로 보아도 무방하다고 보여진다. 그러면 책자에 실린 내용을 바탕으로 이 시기 일본의 간도영토권에 대한 시각과 한중간의 영토분쟁에 대한 제3국으로서의 입장변화 및 그에 따른 논리는 무엇이었는지를 분석해 보기로 한다.

우선 책의 서언에서 밝혀진 대로 책의 출간 의도는 명실공히 일본제국으로 편입된 조선지지를 상세하게 배우고자 하는 데에 있었다. 경우에 따라서는 지리뿐만 아니라 한국의 역사를 다루면서 특히 경제적인 가치와 산업의 비중이 큰 간도 지방을 소홀히 할 수 없어서 간도를 다룬 책자가 대부분이다. 모두 조선을 알고자 하는 사회적 욕구가 병합 이후 점차 커져간 데에 이유가 있었다. 또한 조선을 빼놓고는 일본사를 설명할 수 없다는 현실적인 이유도 1차적인 발간 배경이 되었다. 더불어 일본의 국가

발전 전략과 결합하여 만주로의 진출을 염두에 두면서 간도지방을 자세하게 소개할 필요도 있었다. 이주를 장려하기 위한 참고자료도 필요한 상태였다.

이러한 발간의 변은 만주국이 건국된 이후에는 '일본국민의 만주에 대한 관심을 채워주고, 만주지역을 적극적으로 활용하기 위해 지식을 알려야 할 필요'에서 출간된 것으로 변화되었다. 즉 간도협약 이후 간도는 중국영토로 편입되었지만, 한일합방 이후 일본과 경계를 이루는 지역으로서 소개할 필요가 있었다. 또한 일본이 만주에 대한 관심을 가지고, 만주로의 진출을 염두에 두면서 그 징검다리인 간도지역의 제반사정에 주목하고 있었음을 알 수 있다.

둘째, 일본은 한청간 간도영토권과 관련한 문제의 시초가 백두산정계비의 건립과 해석의 차이에서 온 것으로 보았다. 이에 대한 일본의 기본시각은 간도는 어느 나라에 속하는 땅인지 결론을 내기 어려운 지역으로서, 오랜 기간 비워져있던 '무인 간광지대'라는 것이다. 특히 『北鮮間島史』, 『最近間島事情』, 『間島問題の回顧』, 『統監府時代に於ける間島韓民保護に關する施設』 등에서는 보다 상세하고 세밀하게 한중간의 간도영토권 분쟁을 소개하고 있다.

이들 책에서는 한중간 '간도문제'의 기원을 서술하면서, 1712년에 세운 백두산정계비문의 '東爲土門'에서 토문강의 위치비정에 따른 의견대립을 갈등의 시초로 보고 있다. 즉 중국은 토문강을 두만강으로 보고, 한국은 토문강을 송화강의 지류라 보는 데서 간도영토권 분쟁이 시작되었다는 것이다. 그에 따라 두만강이 경계가 되면 간도지방은 청의 영토가 되고, 한국 측의 주장에 따르면 토문강 이남은 한국영토가 되기 때문에 양국의 이해가 대립되어 왔다는 것이다.

<표 2>를 살펴보면 한청 양국이 서로의 영토라고 주장하는 땅에 19세

기 후반 이래 양국민이 개간작업을 해오면서 상대국에게 각자 쇄환을 요
구하게 되었으나 견해차는 좁혀지지 않은 상태였다는 점, 러일전쟁으로
러시아가 간도지역으로 진출하게 되면서 양국의 분쟁은 정지되었다는
점, 일본이 한국의 외교권을 차지한 후 간도지역에 통감부임시파출소를
세워 관리하게 되었다는 점 등의 의견대립 과정이 비교적 상세하게 소개
되어 있다.

러일전쟁 과정에서 간도영유권 분쟁 사실을 알게 된 일본은 한청 양국
에 일리가 있다고 보고 '간광지대', '무인지대', '중립지대'라는 표현을 사
용하고 있었다. 반면 1930년대 중반 이후의 책에서는 간도의 역사와 영토
권에 대한 갈등을 거의 다루지 않고 있다. 이미 일본의 일부가 된 만주지
역을 다루면서 간도성에 소재한 영사분관과 각 기관을 소개하는 정도로
만 그치고 있는 점이 특징이다.

셋째, 일본은 간도에 대한 기초조사를 실시한 후 '간도는 무인의 간광
지대'라는 인식에서 탈피하여 한국의 영토라는 시각을 가지게 되었다. 이
는 간도협약을 이끌어내기 위한 정책적 측면의 전제이긴 했지만, 간도를
한국영토로 볼 수 있는 상당한 내부 시각의 변화가 있었음을 보여준다.
먼저 1912년에 발간된『最新朝鮮地誌』에서는 "만주와 조선의 경계 위를
흐르는 두만강 상류는 별도로 魚潤江이라 하기 때문에 청나라 사람들이
송화강 상류의 土門江과 어윤강을 혼동하는 것은 잘못된 것"21)이라고 서
술하고 있다. 즉 토문강과 두만강은 별개의 강임을 명확히 하였다. 이는
곧 백두산정계비에서 가리키는 토문강은 두만강이 아니라 송화강 상류라
며 소극적이고 조용하게 간도는 한국의 영토라는 인식을 드러낸 것이다.

또한 간도는 무인의 중립지대라는 인식에서 변화하여 한국의 영토여야

---

21) 日韓書房 編輯部 編,『最新朝鮮地誌』, 22면.

하고, 한국의 영토임을 적극적으로 주장한 책은 1930년에 출간된 『間島問題の回顧』가 대표적이다. 이 책은 법학박사로서 간도통감부파출소에서 총무과장으로 역할한 저자 篠田治策이 2년간 간도지방에 파견되어 실지를 조사하고 청의 관헌들과 직접 교섭했던 회고담을 엮은 것이다. 시노다는 법률을 전공한 학자로서, 외무성과 통감부에서 국제법에 능통한 인물들로 간도문제 조사단을 구성하는데 그 일원이 되었던 과거를 회상하면서 비교적 솔직하게 간도문제에 접근하고 있다.

그에 따르면 일본이 한국의 외교권을 위임받은 뒤 간도에 일본관헌을 파견한 것은 표면상으로는 청국관헌의 횡포와 마적의 학대로부터 다수의 韓民을 보호하기 위함이었지만, 그 이면에는 간도문제를 한국에 유리하게 해결하려는 목적도 있었다. 이를 위해 저자는 "간도는 한국의 영토라는 것을 전제하는 것이 마땅하다"는 방침을 세울 것을 정부에 요구하였다. 이어서 간도문제를 역사적, 법률적으로 연구하였다. 이는 일본의 이익을 위해 간도는 한국의 영토여야 하고, 또 그래야만 청과의 협의가 원만히 진행되리란 것을 인식하고 있었음을 보여주는 것이다.

그런데 간도문제에 천착하여 이를 연구한 결과 저자는 "간도는 청·한국 어느 나라에도 속하지 않으며, 자연적으로 형성된 無人의 중립지대"라고 파악하였다. 또한 "간도는 압록강 對岸을 포함하는 역사상 間曠지대이기 때문에 압록강 대안을 청국의 영토로 하는 이상에는 두만강 대안은 한국의 영토로 하는 것이 공평하다"고 생각하였다. 그러나 이는 학자로서의 공평한 학술상의 결론일 뿐, 공인으로서 간도에 파견되어 행동하는 이상 한국인이 주장해온 한국 영토설을 지지하였다는 것이다.[22]

篠田治策, 『間島問題の回顧』, 16면. 1909년 일본의 주도하에 간도협약이 이루어지고 수십 년 동안의 현안이던 간도문제가 해결되었지만, 저자는 이를 일본의 외교상의 실패로 간주하였다. 저자가 보기에 압록강 대안 및 훈춘방면을 청국영토로 하

시노다는 동료들과 함께 통감부 파출소 업무를 구상함에 있어서 "간도의 소속은 미정이나, 평안한 장래를 위해 한국의 영토로 하며 제국과 함께 한국신민의 복리를 증진시킨다" 는 한민보호시설의 방침을 정하였다. 그에 따라 파출소는 시종일관 '간도는 한국의 영토라는 것'에 입각하여 행동할 것을 훈시하였다.23) 이어서 이등통감에게 "종래에는 간도를 소속 미정의 땅으로 하였지만 청이 자국영토로 행동하는 이상 우리도 한국영토로 행동할 것, 간도한민을 통할하기 위해 현재보다 더 많은 보병 1개 대대를 증편시킬 것, 이상을 처치해야 큰 분요가 야기되는 것을 막고 유리하고 신속하게 간도문제를 해결할 수 있을 것"24)이란 의견을 제출하였다.

이 책은 이처럼 간도파출소 조사위원들이 '간도는 무인의 간광지대'라는 종래의 시각에서, 역사적이고도 국제법적인 근원에 근거해서 간도를 한국영토로 간주해야 한다는 태도로 바뀌고 있었음을 보여준다. 그런데 일본 외무성의 대외정책 즉, 중일간의 현안문제 해결과 만주 현안을 일본에 유리하게 해결해야 한다는 대국적 결단에 의해 파출소 측의 의견은 묵살되었다. 곧이어 간도협약이 체결되면서 간도는 곧 중국영토로 귀속되게 되었다.

당시 외무성은 간도가 한국소속이라는 입장을 바꾸어 두만강이 아닌 토문강 국경설에 대한 한국 측의 확신 박약, 이중하의 두만강 경계 인정설, 중국 목극등의 의중에 있었던 토문은 두만강이었으며, 1885년 감계담판시 한국 측이 두만강 경계설을 부인한 증거가 없다는 것25) 등을 이유

고, 간도 일대(정확히는 두만강 대안인 동간도: 필자 주)를 조선의 영토로 하는 것이 최선의 공평한 방법이라는 것이다. 즉, 懸爭地로서 간도일대를 절반으로 나누어 해결하는 것이 최고의 공평한 해결방법이라고 확신하였다.

23) 같은 책, 34~35면.
24) 같은 책, 48~49면.
25) 국회도서관, 『간도영유권 관계 발췌문서』, 157~159면.

로 파출소 측의 의견을 묵살하였다. 필자는 이것이 '외무성만의 의견이 아니라 원로회의에서 결정한 것'임을 뒤늦게 알았고, '한국통치상의 화근을 영원히 남겨두는 것'으로 간주하였다.[26] 간도문제가 시기를 뛰어넘어 '현안'이 되리라는 것을 예측할 정도로 간도의 한국영토설은 확고한 것이었음을 보여준다.

9번 도서인 『統監府時代に於ける間島韓民保護に關する施設』은 시노다가 파출소에서 활동하며 남긴 기록을 바탕으로 조선총독부에서 간행한 책이다. 이 책 역시 역사상 무인지대였던 간도지역이 백두산정계비 건립을 시작으로 양국간 영토분쟁의 단초와 현안이 되고 있는 점에서부터 간도협약에 이르기까지의 과정을 상세하게 서술하였다. 책에 따르면 일본은 간도문제를 알게 된 러일전쟁의 와중에 한청 양국간 감계문제를 중단하게 하였다. 간도파출소는 한국이 국세의 미약으로 간도지역의 한민을 보호할 수 없게 되자 참정대신 박제순이 그 보호를 위임하여 옴에 따라[27] 간도에 거주하는 한인의 생명과 재산을 보호하기 위해 설치되었다.[28] 이 과정에서 '간도의 소속문제는 별개로 하고 우선 한인보호가 시급하였음'을 강조하였다.

당시 간도에 대한 일본의 기본적인 시각은 한청 어느 나라에도 그 소속을 확실하게 인정해줄만한 근거가 미약한 일종의 중립지대나 마찬가지였다. 그러나 한국에 대한 보호권을 갖게 되고 청의 국세가 상대적으로 미약해지면서 일본은 그 틈새를 이용하여 '한인보호'라는 명분을 내세워 간도에 진출하였다. 진출한 이후에는 국익차원에서 그들의 명분을 합리화

---

26) 篠田治策, 『間島問題の回顧』, 50~51면.
27) 『舊韓國外交關係附屬文書』8, 間島案 <間島居住韓民保護策의對淸交涉要請>, 1906년 11월 18일.
28) 朝鮮總督府, 『統監府時代に於ける間島韓民保護に關する施設』, 20~21면.

하기 위해서라도 간도는 한국의 영토라는 것이 전제될 필요가 있었다. 때문에 "간도를 전적으로 한국영토로 조치하는 동시에 청의 영토로 인정하지는 않는다"[29]는 입장을 취하게 되었던 것이다.

　여기에는 책의 전체적인 서술에서 살필 수 있는 대로 조선 태조 이성계가 동북지역 도병마사로서 두만강 방면을 경영한 데서부터 세종대의 6진 설치까지 수차례 여진족과의 전쟁을 통해 무인지대로 남게 된 역사상 한국의 고토라는 점, 여러 차례의 감계를 통해서도 한국은 토문강 경계를 고수하고 있었다는 점, 이미 간도지역에서 생활의 뿌리를 내린 한국민이 많이 있으며[30] 이들은 청의 변발강요에 저항하고 한국은 이범윤 간도관리사를 파견해 간도민들을 관리하고 있었다는 점 등의 이유도 작용되었다. 이처럼 일본은 그들의 필요에 의해 간도는 한국영토라는 주장을 하게 되었지만, 그 근저에는 한국의 논리가 역사적으로나 국제법적으로 타당하다고 보았기 때문임을 알 수 있다.

　넷째, 이와는 달리 일본은 한인보호와 간도진출을 위해 간도는 한국영토라는 입장을 견지하긴 했지만, 곧이어 한국 측 주장에는 모순이 많다는 것을 피력함으로써 간도의 한국영토설을 부인하는 서술도 살필 수 있다. 1927년에 발간된 6번 도서, 『最近間島事情』은 한국의 간도영토설에 이의를 제기하는 대표적인 책이다. 책에서는 간도문제에 대한 조선의 주장이 매우 불확실한 점이 있기 때문에 조선의 입장을 계속 뒷받침해줄 수는 없다고 한다. 그 이유로 저자들은 다음과 같은 점을 들고 있다.

---

29) 같은 책, 22면.
30) 통감부 간도헌병분대장이 간도지역에 대한 호구조사를 단행하여 파출소장에게 올린 보고서에 따르면 중국은 3,047호에 21,983명이 살고 있었고, 한국인은 15,356호에 72,076명이 거주하는 것으로 드러나 훨씬 많은 수의 한국인이 정착하여 살고 있었음을 알 수 있다―『舊韓國外交關係附屬文書』8, 間島案 <戶口調査에 關한 報告書>, 1907년 11월 19일.

우선 조선에서는 두만강이라 칭하고 중국에서 도문강이라 부르는 것은 三史語解에 의하면 원래 여진어의 豆漫 즉 Tuman에서 나온 것이다. 따라서 중국이 두만강을 토문강이라 주장하는 데에 아주 잘못이 있지는 않다는 것이다. 또한 토문강이 비문의 '東爲土門'의 토문과 같고 그에 따라 북만의 동남부일대 지역인 북간도는 조선의 영토라며 소유권을 다투려고 하지만 이는 무리한 생각이라는 것이다. 그런데 "토문이 송화강 상류라고 하여 두만강이 아니라는 한국의 주장은 말도 안되는 억지이다"[31]라고 하면서도 구체적 논거는 제시하지 못하고 있다.

나아가 이 책에서는 조선은 원래 두만강 바깥의 영토를 소유한 적이 없다고 주장한다. 윤관의 북간도지역 정벌과 이성계가 이두란을 파견하여 여진부락을 정복한 사실 등도 있지만, 이것으로 곧 두만강 바깥의 영토까지 확장했다고는 보기 어렵다는 것이다. 마지막으로 간도에는 다수의 인민들이 청나라 사람보다 먼저 이주해서 살고 있었기 때문에 조선의 영토와 다름없다는 주장을 하지만, 국가의 版圖와 주민의 국적은 아무런 관계가 없다는 사실을 이해하지 못한 무지의 결과[32]라는 것이다.

그런데 이러한 서술은 일본이 자국의 이익을 위해 간도협약을 구상하고 외교적인 결정을 관철하는 과정에서 이를 합리화하기 위한 논리에 따른 것이었음을 알 수 있다. 다음의 내용을 보면 보다 확연히 알 수 있다. 책에서는 일본이 조선의 외교를 대신하면서 간도에 거주하는 한인을 보호하기 위해 통감부 간도파출소를 설치하였다는 점, 일본은 양국간의 국경분쟁에 휘말리지 않으려는 종래의 태도를 바꾸어 간도를 조선의 영토로 간주한다는 성명을 통해 단호한 방침을 나타냈다는 점 등을 강조하였다. 그러나 곧 대국적인 견지에서 일의 경중을 헤아리고 일본과 중국의

---

31) 牛丸潤亮·村田懋麿, 『最近間島事情』, 48~49면.
32) 같은 책, 49~53면.

친선을 생각하여 남만주철도 부설권과 撫順 탄광 개발권 등의 이권을 얻는 대신 간도지방의 영토권을 청국에 양보하는 간도협약을 체결하게 되었다[33]라고 서술하였다.

즉 6번 도서의 저자들은 일본이 간도를 관리할 근거와 정당성 확보의 차원에서 간도를 한국의 영토라고 전제했지만, 중일간의 국가적 관계와 일본의 이익을 위해 간도협약을 체결하게 된 점을 인정하였다. 따라서 그들이 간도에 대해 '한국 주장의 불확실한 점'을 운운한 것은 일본의 외교적 결정에 따르면서 이를 합리화하기 위한 억지논리로 전개한 것임을 알 수 있다.[34] 결국 이 책은 일본이 간도의 한국영토설을 전제한 것도, 간도협약 체결의 필요성을 위해 이를 부정한 것도, 시점에 따라 논리를 그들 편의대로 꿰어 맞추고 있었음을 스스로 확인해준 셈이 되었다. 또한 역사지리서가 정부의 정책과 논리를 그대로 담아내면서 왜곡된 시각과 주장을 확산시키고 있었던 면모를 보여준다.

간도협약 체결이 가능할 수 있었던 것은 일본이 끝까지 간도의 한국영토설을 주장하지 않고 더 큰 국가적 이익을 위해 이를 중국에 양보하였기 때문이다. 그러나 그 이면에 제3국으로서 일본이 가지고 있던 시각은 그들의 필요에 의해서 볼 때에도, 역사적이고도 국제법적인 근거에서 볼 때에도 간도는 한국영토라는 입장이었던 것이다. 그런데 1930년대 중반 이후가 되면 13번의 『朝鮮と滿洲案內』, 14번의 『北鮮地方』, 15번의 『日本

---

33) 같은 책, 44~46면.

34) 일본 외무성은 간도영토권 회복이 난항에 빠지자 다른 외교현안에도 영향을 미칠 것을 고려하여 간도의 한국영토권 주장을 중지하게 하였다. 그 중심에 있던 인물이 간도의 한국영토권 주장에 앞장섰던 주중공사 林權助였다. 그는 중국의 반응이 예상외로 격렬하고 교섭이 교착상태에 빠지자 돌연 입장을 바꾸어 간도파출소 측의 조사결과를 정치적인 논리로 설득하여 전략적으로 이를 포기하도록 하였다.—최장근, 앞의 논문(2004), 213~215면.

地理:朝鮮·臺灣·關東州·南洋』 도서에서 보이는 바와 같이 간도에 대한 지리를 소개하되 영토권과 관련한 한중간 분쟁은 아예 생략하고 있다. 지리적으로 두만강은 만주국과 경계를 이루는 하천일 뿐이며, 식민지 조선의 최북단의 지세를 설명하는 속에서 거론될 뿐이다. 간도는 이미 만주국과 더불어 일본의 영향권 하에 들어와 있는 영역으로서, 영토와 관련하여 더 이상의 의미를 부여하는 것은 필요치 않은 상태가 되었던 것이다.

다섯 째, 일본은 간도협약과 관련하여 일본이 한중간 역사갈등을 해결한 '평화의 중재자' 내지 '평화의 수호자'로서 역할을 했다는 왜곡된 논리를 파급시키고 있었다. 이는 간도를 비롯한 만주로의 진출을 이미 정략화한 상태에서 간도파출소 설치를 비롯한 간도경영의 1차적 목적이 '조선인의 보호'에 있었다는 거짓 修辭와 맥락을 함께 하는 것이다.

가령 2번 도서인 『間島事情』에서는 간도분쟁과 관련하여 '간도와 淸韓 양국의 관계'라는 절을 따로 구성하여 간도를 둘러싸고 한중 양국의 견해차가 좁혀지지 않았던 역사적 관계를 소상히 설명하였다. 책에서는 일본이 1909년 북경에서 간도협약을 체결하고 "圖們江을 한·청 양국의 국경으로 할 것을 결정하였고, 강의 발원 지방은 定界碑에서 石乙水를 경계로 할 것을 결정함으로써 간도문제는 원만히 해결된 것"[35]으로 결론지었다. 이를 통해 일본은 간도문제의 중재자로서 양국간의 영토분쟁을 종식시킨 당사자라며 자국의 역할을 크게 부각시켰다. 정치적·경제적 이득을 위해 간도를 중국에 양여한 사실에 대해서는 상대적으로 의미부여를 크게 하지 않는 자세로 일관하고 있는 것이다.

3번 도서인 『最新朝鮮地誌』(上中下)에서도 "1909년 청이 많은 군대를 간도에 파견하여 위세를 떨치자, 일본은 간도가 한국의 영토임을 주장하

---

35) 東洋拓殖株式會社 京城支店, 『間島事情』 28면.

여 간도지역의 한국민들을 보호해 주었다. …일청협약으로 다년간 풀리지 않던 간도문제가 해결되게 되었다"[36]라고 서술하였다. 이는 간도협약으로 일본이 차지하게 된 반사이익은 생략한 채, 마치 한중간의 오랜 숙원을 해결해준 시혜자인냥 역사를 왜곡하여 기술하고 있는 실상을 보여주는 사례이다.

일본 스스로를 평화의 수호자와 중재자로 기술하고 있는 책은 이뿐만이 아니다. <표 2>를 통해 간도협약을 어떻게 평가하고 있는지에 대해 살펴보면 4번 도서인 『朝鮮一般史』에서는 '오랫동안 끌어왔던 간도문제 해결', 5번의 『北鮮間島史』에서는 '다년간에 걸친 분규를 해소', 6번 도서인 『最近間島事情』의 경우에는 '대국적인 견지에서 일의 경중을 헤아려…국경분쟁의 대단원의 막을 내리다', 7번 도서의 『日本地理大系 12』<朝鮮篇>에서는 '다년간에 걸친 문제 해결', 9번의 『統監府時代に於ける間島韓民保護に關する施設』에서는 '다년간의 분쟁을 전부 해결', 10번의 『間島の槪況』에서도 '조선민은 다년간에 걸친 청의 폭압과 능욕에서 벗어나게 되어 반가워하였다', 12번의 『咸北小史』에서는 '일본이 교섭에 임하여 지나의 영토로 인정함으로써 무사히 해결' 등의 표현들이 눈에 띈다.

결국 일본은 간도의 한국영토권을 인정한 위에서 간도협약을 통해 차지하게 된 이익은 소략한 채 한중간의 갈등을 봉합하고 평화를 안착시킨 평화의 주인공, 중재자, 수호자로 스스로를 粉飾하였다. 관민이 호응하여 국가이미지 쇄신을 위한 논리를 만들고 이를 역사교과서를 통해 확대재생산하는 구조를 보여주고 있었다. 따라서 명백한 진실을 외면하고, 왜곡시키고, 감추는 모습이 역사지리서 서술에서도 그대로 드러나게 되었던 것이다. 특히 한중일 삼국의 감정과 이해가 교차되는 간도지역의 역사를

---

36) 朝鮮及滿洲社 編, 『最新朝鮮地誌』(상중하), 부록 1~2면.

서술하면서 정확한 사실에 기반하여야 함에도 불구하고, 침략국가로서의 이미지를 탈각하기 위한 修辭로 일관하고 있었음을 알 수 있다.

4. 맺음말-한·중간 평화 중재국으로의 粉飾과 역사왜곡

본 글에서는 통감부시기부터 일제시기까지 조선총독부 또는 개인연구 자가 편찬한 한국의 역사지리서 21종을 통해 일본의 '간도문제' 인식을 살펴보았다. 간도협약을 체결하기 이전에 출간된 6종의 역사지리서와 간 도협약 이후 출간된 15종의 도서를 통해 '간도문제'를 대하는 일본의 입 장과 시각에 몇 가지 특징과 변화가 있는 것이 확인되었다.

우선 일본이 역사지리서에서 간도를 다루게 된 동기는 간도협약 이전 에는 한국에서의 식산활동에 도움을 주기 위함과 일선학교의 교육자료로 활용하기 위함이라는 내지인의 필요가 1차적인 이유였다. 그런데 협약 이 후에는 조선의 식민지화와 함께 만주로의 진출이 국가적 목표가 되면서 만주의 일부인 간도를 주목하게 되었고 그에 따라 간도와 관련한 역사지 리서를 발간하게 되었다.

일본에서는 한국주차사령부, 외무성, 통감부 간도 임시파출소 등의 기 관에서 향후에 제기될 영토문제에 대비하기 위한 조사를 하기 전까지 간 도는 당연히 중국에 속하는 땅으로 인식하였다. 한중 사이에 자연적으로 형성된 국경선에 근거하였기 때문에 간도의 귀속이나 간도문제를 별도로 서술하지는 않았다. 간도문제에 대한 특별한 인식도 없었거니와 정부차 원에서 다양한 물밑 조사와 검토를 하는 단계에 있었다. 따라서 정작 이 시기 역사지리서에까지 반영되지는 못하였다.

　그러나 일본은 외교권 강탈 후 간도 한민의 보호라는 명목 하에 간도에 진출하여 한중 양국간의 영유권 문제를 조사하면서 이에 대한 인식을 서서히 달리하기 시작하였다. 우선 러일전쟁 과정에서 간도영유권 분쟁 사실을 알게 된 일본은 한청 양국 모두에 논리적인 합당함이 있다고 보고 이 지역을 간광지대, 무인지대, 중립지대 등으로 파악하였다. 일본이 보기에 간도지역은 한청 어느 나라에도 소속을 확실하게 인정해줄만한 근거가 미약한 중립지대였다. 그런데 일본은 한국에 대한 보호권을 갖게 되자 청의 국세가 상대적으로 미약해지는 틈새를 이용하여 '한인보호'라는 명분을 내세워 간도에 진출하였다. 진출한 이후에는 국익차원에서, 그들의 명분을 합리화하기 위해서라도 간도는 한국의 영토라는 것이 전제될 필요가 있었다.

　이러한 필요 외에도 일본이 간도를 한국의 영토로 주장할만한 역사적, 국제법적 근거는 충분하였다. 태조 이성계 이후 세종대에 이르기까지 두만강유역을 개척하고 수차례 여진족과의 전쟁을 통해 무인지대로 남게 된 역사상 한국의 고토라는 점, 여러 차례의 감계를 통해서도 한국은 끈질기게 토문강 경계를 고수하고 있었다는 점, 이미 간도지역에서 생활의 터전을 일군 한민이 많으며 이들은 한국민이라는 인식 속에서 청의 억압과 변발강요에 저항하였다는 점, 한국은 이범윤 간도관리사를 파견해 간도민들을 자국민으로 대우하고 관리하고 있었다는 점 등은 간도를 실질적으로 한국영토로 인식할 수 있게 하였다. 즉 일본은 만주로의 진출이라는 그들의 필요에 의해 간도가 한국영토라는 주장을 하기 시작하였지만, 그 근저에는 한국의 주장이 역사적으로나 국제법적으로 타당한 점이 많았기 때문이었다.

　남만주철도 부설권을 비롯한 중일 양국의 현안을 대타결하는 방편으로 간도영토권을 중국에 넘긴 것은 일본으로서는 상당한 경제적 이득을 취하게 된 것이므로 기뻐할만한 일이었다. 반면 그들 스스로 한국영토로 인정했던 간도영토권을 자국의 이익을 위해 중국에 넘긴 사실이 드러나게 되면 도의적으로 볼 때 국가이미지는 실추하게 될 것이었다. 때문에 일본은 간도를 둘러싼 한중 영토분쟁과 이에 개입하게 된 경위 등에 대해 자신을 합리화하고 정당화할 수 있는 논리를 개발하여 국민들에게 알릴 필요가 있었다.

이에 스스로를 동북아의 분쟁을 해결한 '평화의 중재자' 내지 '평화의 수호자'로서 사실을 왜곡하는 논리를 만들어 냈던 것이다. 이어서 역사지리서에도 반영하여 서술함으로써 국가이미지 창출의 기제로 활용하였다. 이는 간도를 비롯한 만주로의 진출을 이미 정략화한 상태에서 간도파출소 설치를 비롯한 간도경영의 1차적 목적이 '조선인의 보호'에 있었다는 거짓 修辭와도 맥락을 함께 하는 것이다.

결국 일본은 간도를 '무인의 간광지대'에서 '한국령'으로 새롭게 규정지었으나, '한중 양국의 평화 안착을 위해' 간도협약을 체결할 수밖에 없었다는 그들만의 논리를 개발하였다. 이 과정에서 간도협약을 통해 차지하게 된 이익은 소략한 채 한중간의 갈등을 봉합하고 평화를 안착시킨 평화의 주인공, 중재자, 수호자로 스스로를 粉飾하였다. 특히 한중일 삼국의 감정과 이해가 교차되는 간도지역의 역사를 서술하면서 침략국가로서의 이미지를 탈각하기 위한 수사로만 일관하였던 것이다. 이는 현안의 독도문제 외에도 일본이 저지른 또 하나의 역사왜곡으로 볼 수 있다.

제4장
일제시기 간행된 역사지리서
목록조사와 자료해제

〈범례〉

1. 편찬 취지

이 『일제의 영토·영해관련 자료해제』는 국회도서관과 국립중앙도서관, 일본의 국회도서관에 소장되어 있는 간도 및 독도와 울릉도에 관련된 갖가지 도서에 대한 기본 자료집이다. 간도와 독도는 중국 및 일본과 역사상 영토분쟁을 겪었거나, 현재까지 겪고 있는 지역이다.

특히 독도는 『세종실록지리지』나 『신증동국여지승람』에서 조선정부가 관할하고 있는 영토임을 여러 차례 확실히 한 울릉도의 부속도서이다. 대한제국 정부에 들어와서는 1900년 10월 25일 "울릉도를 울도로 개칭하고, 군수는 울릉전도 외에 죽도 및 석도를 관할한다"는 칙령 제41호를 반포하였다. 이 칙령은 독도가 주인이 없는 無主島가 아니라 대한제국이 관할하는 한국 소속의 섬임을 재천명한 것으로서 그 의미는 실로 크다고 할 수 있다. 그럼에도 일본정부는 1905년 1월 28일의 각의결정을 통해 독도를 일본 시마네현에 소속시킴으로써 양국간에 독도를 둘러싼 영토분쟁이 끊임없이 제기되고 있는 실정이다.

이에 본 자료해제를 통해 일본이 간도 및 독도에 대해 어떠한 인식을 가지고 있었으며, 역사상 어떤 인식의 변화를 거쳐 왔는지를 살펴보고자 한다. 이 해제는 일본의 영토와 영해인식 및 정책에 대해 관심을 가진 여러 사람들에게 원전을 찾아보지 않고도 필요한 원전의 내용을 어느 정도 이해할 수 있도록 제공하기 위해 만든 것이다. 따라서 이 해제집은 연구자뿐만 아니라 일반인들에게도 영유권 분쟁을 겪고 있는 지역을 비롯한 변경지에 대한 역사적 변천상을 보여주고 이해도를 높이는데 도움을 줄 것이다.

2. 목록 조사 범위와 분류

1) 국회도서관, 국립중앙도서관, 일본국회도서관에 소장되어 있는 문헌 가운데 직접적 또는 간접적으로 간도 및 독도와 관련이 있는 도서와 지도 및 교과서를 해제대상으로 하였다.
2) 일본이 한국의 외교권을 침탈하기 시작한 1905년부터 일제시기가 끝나는 1945년 사이에 출판된 문헌을 대상으로 하였다.
3) 해제의 종수는 모두 70종으로 지리서와 역사서 및 역사지리서, 교과서, 사전 등으로 분류하였다. 지도의 경우 지리서에 포함시켜 분류하였다. 역사와 지리적 내용을 동시에 다루고 있는 도서의 경우 역사지리서로 구분하였다.

3. 자료해제

1) 도서명, 저자, 출판사, 출판년도 등의 정보를 수록한 문헌 목록표를 만들고, 해제시 이에 의거하여 자료명과 간단한 서지사항을 앞에 기재하였다. 編著(또는 저자)와 발행처가 동일한 경우에는 편자만 기재하였다.
2) 문헌 목록표는 도서출간 연도순으로 정리하되, 동일한 연도의 경우 저자의 가나다 발음 순서로 수록하였다.
3) 해제 작성은 도서출판 의도와 목적, 저자의 소개, 자료의 전체적인 구성과 편제, 자료의 주요 내용을 정리하면서 최종적으로 영토 및 국경과 관련한 내용을 정리하는 순으로 기술하였다.
4) 문장은 국한문 혼용을 원칙으로 하였으며, 일반적인 문장서술은 되

도록이면 한글로 서술하였다. 고유명사나 인명, 자료명, 지명 등과 기타 서술은 원 자료 내용에 기반하여 표현하였다.

4. 체제

1) 자료제목은 원본에 표시되어 있는 그대로를 표기하였다.
2) 저자의 이름은 원명을 기재하였다. 저자는 著, 편자는 編으로 구분하였다.
3) 발행기관이나 편찬기관을 표기하였다.
4) 해제문 안의 서명은 『　』, 인용문은 " " 또는 ' ' 등으로 표시하였다. 그 외의 문장부호는 일반적인 국어문법 통용에 따랐다.

1. 문헌목록(연도·저자순)

순번	유형	제목	저자	발행처	발행연도
1	역사	朝鮮史	久保天隨著	博文館	1905
2	지리	韓國誌	農商務省 山林局譯	農商務省 山林局	1905
3	역사	最近の韓國	松宮春一郎著	早稻田大學 出版部	1905
4	지리	外國地理 上·下	神戶弥作編	六盟館	1905
5	지리	世界地理	野口保興講述	早稻田大學 出版部	1905
6	지리	韓國新地理	田淵友彦著	博文館	1905
7	지리	韓國地理	矢津昌永著	丸善	1906
8	역사	韓國之實情	圓城寺清著	樂世社	1906
9	지리	韓國事情要覽	統監府總務部編	統監府總務部	1906
10	지리	竹島及鬱陵島	奧原碧雲著	報光社	1907
11	지리	大日本現勢地図附錄	地理研究會編	文祥堂	1907
12	역사지리	新撰韓國事情	小松悅二編	東亞研究會	1909
13	사전	朝鮮·支那 地名辭彙	根來可敏編	共同出版	1910
14	역사	朝鮮之實情	井手正一著	公友社	1910
15	역사지리	朝鮮新地誌	足立栗園著	積善館	1910
16	지리	最近韓國事情要覽		統監府	1910
17	지리	朝鮮誌	吉田英三郎著	町田文林堂	1911
18	지리	大日本地理集成	矢津昌永等著	隆文館	1911
19	지리	(續帝國大地誌) 韓國南滿洲	野口保興著	目黑書店	1911
20	역사지리	最近朝鮮事情要覽	朝鮮總督府編	朝鮮總督府	1911
21	지리	最新朝鮮大地圖	朝鮮土地調査會	日韓書房	1911
22	역사지리	日本之朝鮮		有樂社	1911
23	지리	朝鮮商品と地理	納富由三編	日本電報通信社 京城支局	1912
24	역사지리	參考中等日本歷史地図	藤田明著	宝文館	1912

25	지리	最新系統地理 女學校用 日本之部-訂正	守屋荒美雄著	杉本光文館	1912
26	지리	最新朝鮮地誌	日韓書房 編輯部編	日韓書房	1912
27	역사	朝鮮近世史	林泰輔著	吉川弘文館	1912
28	역사지리	朝鮮歷史地理 第壹卷, 第貳卷	津田左右吉著	丸善株式會社	1913
29	역사지리	地理的日本歷史	吉田東伍著	南北社	1914
30	지리	日本地理敎科書 1〜2	朝鮮總督府編	朝鮮總督府	1914〜1923
31	지리	新地理日本 中學用	小林房太郎著	文學社	1915
32	역사	間島事情	東洋拓殖株式會社 京城支店	東洋拓殖 京城支店	1918
33	역사지리	最新朝鮮地誌 上·下	朝鮮及滿洲社編	朝鮮及滿洲社 出版部	1918
34	지리	朝鮮地誌資料	朝鮮總督府 臨時土地調査局	朝鮮總督府	1919
35	지리	朝鮮各道府面間 里程圖	朝鮮總督府編	朝鮮總督府	1920
36	지리	(郡面界里程入)朝鮮大地圖	十字屋編	嚴樞堂	1921
37	역사	長白山より見たる 朝鮮及朝鮮人	杉慕南著	同舟會	1922
38	지리	朝鮮事情	朝鮮總督府編	朝鮮總督府	1922〜1943
39	역사	朝鮮一般史	朝鮮史學會著	[발행처불명]	1923
40	지리	朝鮮地方全圖	朝鮮總督府	朝鮮總督府	1923
41	역사지리	滿洲及朝鮮之富源と現勢	東方拓殖協會編	東方拓殖協會	1924
42	지리	新編朝鮮地誌	日高友四郎著	朝鮮弘文社	1924
43	역사	北鮮間島史	永井勝三	會寧印刷所	1925
44	지리	咸北要覽 改訂5版	咸鏡北道地方課	會寧印刷所	1926
45	역사	最近間島事情	牛丸潤亮· 村田懋磨	朝鮮及朝鮮人社 出版部	1927
46	지리	日本地理大系 12 <朝鮮篇>	改造社編	改造社	1930
47	역사	朝鮮之硏究	朝鮮及滿洲社編	朝鮮及滿洲社	1930
48	역사	間島問題의回顧	篠田治策	發行者不明	1930
49	역사	朝鮮事情: 鬱陵島記事	今村鞆	南山吟社	1930
50	역사	統監府時代に於ける間島 韓民保護に關する施設		朝鮮總督官房 文書課	1930
51	지리	朝鮮地方全圖	鈴木駿太郎編	[發行者不明]	1932

52	역사지리	間島の槪況	陸軍省調査班	陸軍省調査班	1932
53	지리교과서	初等地理書 卷1-3	朝鮮總督府編	朝鮮書籍印刷	1932~1934
54	지리교과서	初等地理書解說	平田庫太·大石運平 共著	朝鮮公民 敎育會	1932
55	지리	지리강좌 일본편- 朝鮮·關東州 第6卷	改造社編	改造社	1933~1935
56	역사	鮮滿發達史:北鮮及東滿編	朝滿事業協會編	朝滿事業協會	1933
57	사전	最新朝鮮歷史地理辭典	佐藤種治著	富山房	1933
58	역사	間島之現勢	太田勝	鮮滿事情 出版社	1935
59	지리	朝鮮鄕土地理	豊川善曄著	日韓書房	1935
60	역사	咸北小史	咸鏡北道	咸鏡北道	1935
61	지리	新日本地方別大地圖: 朝鮮地方	三省堂編	[發行者不明]	1937
62	역사지리	朝鮮と滿洲案內	釋尾春芿著	朝鮮及滿洲社	1937
63	역사	朝鮮史のしるべ	朝鮮總督府編	朝鮮總督府	1937
64	지리교과서	初等地理 卷1-2	朝鮮總督府編	朝鮮書籍印刷	1937
65	지리	朝鮮大地圖	韓洋社編	京城出版社	1937
66	역사지리	國史地理	朝鮮總督府編	朝鮮書籍印刷	1938
67	지리	北鮮地方	朝鮮總督府 鐵道局編	朝鮮總督府 交通局	1940
68	지리	日本地理: 朝鮮·臺灣·關東州·南洋	桝田一二	硏究社	1941
69	지리교과서	初等地理 第1, 5-6學年	朝鮮總督府編	朝鮮書籍印刷	1942~1944
70	지리	十三道官內圖	國勢調査員編	朝鮮總督府	발행년 불명

2. 자료해제

일제시기 간행된 역사지리서 목록조사와 자료해제

1. 朝鮮史, 久保天隨, 博文館, 1905

책을 쓴 저자는 먼저 반도사의 연구는 학계에서 필요한 것일 뿐만 아니라 정치적으로도 의미가 크기 때문에 소홀히 할 수 없다는 입장을 가지고 조선사에 대한 연구를 시작하였다고 밝히고 있다. 저자의 서언에 따르면 조선의 사료는 종래 국가의 역사를 찬술한 다양한 자료가 구비되어 있지만, 인쇄와 보존하는 방법이 극히 불완전하고 도처에 흩어짐으로써 망실되었다. 이는 결코 하루아침에 일어난 비극은 아니다. 『삼국사기』, 『고려사』, 『문헌비고』와 같은 희귀하게 전하면서 가치가 큰 전적들도 있지만, 일본에서 번역하여 출간한 『동국통감』, 『조선사략』, 『징비록』, 『삼국유사』와 같은 여러 종의 책들도 있다. 지금 이런 전적들을 개수, 보정하지 않으면 반도의 역사가 수천년 후 멸실할 지도 모르며 이는 결국 동양의 선진국인 일본학자의 임무라는 것이다. 저자는 이런 인식의 바탕 위에서 사료를 수집하고 일본과 중국사료를 비교하여 반도사의 연구에 매진하기로 결심하였다고 한다.

책의 전체적인 구성을 보면, 서설을 비롯하여 1장에서는 太古期로서 고조선을 다루고 있다. 2장에서는 上古期로서 삼한 정립의 시대를 다루면서 삼국이 흥기하여 서로 전쟁을 벌이고, 수당의 침략과 고구려와 백제가 멸망하는 과정, 신라의 통일과 멸망으로 이어지는 과정을 서술하였다. 3장에서는 中古期로서 고려시대의 치세를 다루면서 왜구를 다루되 그 시원부터 고려의 멸망에 이르는 과정 속에 왜구의 활동상을 상세히 서술하고 있다. 4장에서는 近古期로 조선시대를 다루었다. 특기할 사항으로는 임진왜란과 관련하여 '豊臣秀吉의 征韓'이라는 제목의 장으로 서술하고 있다는 점이다. 5장에서는 現代期로서 今帝時代를 서술하면서 대원군의 섭정부터 임오군란, 청일전쟁, 러일전쟁 등을 순차적으로 서술하였다.

독도와 관련하여 이 책의 특별한 내용과 시각을 보면, 신라 지증왕의 치세를 다루면서 소지왕에서 지증왕에 이르기까지 삼국의 쟁란은 극심해졌지만 신라는 이에 구애되지 않고 내치에 힘썼다고 서술하였다. 지증왕의 치세는 자못 볼만한 것으로서 훗날의 삼국통일에 기반이 되었다고 보고 있다. 지증왕은 신라의 국호 및 왕호를 정하고, 州郡을 정하였으며, 순장을 금했다고 기록하고 있다. 반면, 독도와 관련된 지증왕의 우산국 점령에 관한 내용은 일체 언급하지 않고 있다. 이는 독도에 대한 관심의 결여를 나타내기 보다는, 의도적으로 서술을 배제하고 있었음을 보여주는 사실이다.

국가의 경계를 설명하고 있는 서설에서도 "동으로는 일본해와 붙어있고, 북으로는 압록강·장백산맥 및 두만강의 일부로 만주와 접하고, 서쪽으로는 황해, 남쪽으로는 조선해협을 사이에 두고 일본의 九州와 동남쪽의 대마도와 마주하고 있다"고 서술하였다. 도서와 항만에 대해서는 제주·남해·거제·진도·강화·교동 등이 가장 큰 섬이며 기타 작은 도서들이 많이 있는 것으로 서술하면서도, 울릉도와 독도에 대해서는 언급을 생략하고 있다. 동해상에서 가장 큰 섬인 울릉도를 배제하고 서술하지 않았다는 것은 독도와 연관하여 울릉도를 의식적으로 기술하지 않은 것으로 해석될 소지가 있다. 더불어 동해를 꾸준히 일본해라 표현하는 것도 일본식 표기방법을 따르고 있는 결과로 보인다.

2. 韓國誌, 大藏省 編, 農商務省 山林局, 1905

이 책은 러시아에서 한반도의 건국연혁의 개요와 풍토·민속·지방자치제의 상태·각종 산업 및 교통과 관련한 현상·기타 미처 개발하지 못한 富源을 정밀하게 조사해 놓은 것인데, 일본 대장성에서 이를 한국의 殖産에 적확한 자료로 인식하고 취합하여 편찬해낸 것이다.

책의 목차를 보면 서문을 비롯하여 생산, 농업, 수산, 수렵업, 임업, 광산, 제조업, 상업, 하천, 기후 및 식물, 운수교통, 지질, 국민, 지방자치제도, 교육 및 학술, 기독교의 전파, 러한조약, 러시아의 韓兵 교련사관, 연혁의 대요, 도로, 풍속, 제도 등으로 구성되어 있다.

특히 이 책에서는 한국의 건국연혁과 그 대요를 설명하면서 한·청 양국 간의 중립지대가 설정된 후 존속되어 왔다고 서술하였다. 그런데 이 중립지대가 도둑의 소굴이 되자 이홍장이 1875년 군대를 파견하여 이를 평정한 뒤 조·청 양 국민에게 개방하였다고 한다. 여기에서 일컫는 중립지대는 일찍이 봉금지역으로서 한·청 양국이 오랜 기간 동안 중립지역으로 삼았던 간도를 의미한다. 한·청 양국 간 영토분쟁의 소지가 있는 간도에 대해서는 이 정도로만 언급했을 뿐, 더 깊이 있게 서술하지는 않았다.

3. 最近の韓國, 松宮春一郞, 早稻田大學 出版部, 1905

이 책은 저자가 <外交時報>에 게재했던 내용을 다소 보완하여 기록한 것이다. 저자는 책의 제목을 본래 '최근의 한국'으로 붙였지만, 엄정한 의의에 있어서는 '일러전쟁 중의 한국의 제문제'라고 하는 것이 적절하다고 보고 있다. 그만큼 책의 내용과 체제는 러일전쟁 이후 일본이 한국에 '식민정책'을 수행하기 위해 필요한 제반 자료가 될 만한 내용을 중심으로 구성되어 있다. 러일전쟁이 발발하기 시작한 뒤 한국에서의 상황이 어떠한지를 언급하면서 각국 보호병이 입성하는 문제, 대한제국의 중립성명 발표, 일본육군이 입성한 후 인천에서 해전이 전개된 양상 등을 소상히 기록하고 있다. 또한 한일의정서를 조인하고 일본이 한국에 시정개선을 강요해 나가는 과정 등 정치적 사건과 전개과정도 기록하였다. 또 한편으로는 평양행궁의 화재사건부터 황태자비의 홍거에 이르기까지 보고들은 풍문을 두서없이 기록하고 있기도 하다. 따라서 일정한 체제를 가지고 서술했다기 보다는, 저자의 말대로 신문에 게재했던 글들을 모아 이를 보완하여 한권의 책으로 묶은 것이다. 때문에 구성 면에서 짜임새가 다소 떨어진다고 볼 수 있다.

반면 개항기부터 러일전쟁 단계까지 경부철도의 부설과 연혁을 비롯하여 화폐제도의 개혁과 이를 둘러싼 경성상민의 동태, 한국인의 생활 전반에 이르는 정치·경제·사회·교육 등 여러 분야의 당면한 문제까지도 다룸으로써 독자들에게 다양한 읽을거리를 제공하고 있다. 따라서 이 책은 러일전쟁 이후 일본이 다른 여러 나라보다 한국에 대해 갖는 우월한 지위를 이용하여 한국의 시정을 감독하게 됨으로써, 일본인들에게 한국에 대한 전반적인 내용을 알리는 차원에서 서술되었던 것으로 이해할 수 있다.

이 책에서는 간도 및 독도에 관한 구체적인 언급은 보이지 않는다. 다만, 1904년 5월 한국정부가 러시아와의 국교 단절을 선언할 때 두만강과 울릉도 삼림 채벌권을 폐지한다는 것이 언급되어 있을 뿐이다. 이로써 울릉도는 한국 영토라는 것을 분명하게 하고 있지만, 그 부속 도서인 독도에 관한 언급은 아예 없다. 저자는 삼림채벌권 폐지와 관련하여 한국정부가 대러시아 국교단절을 선언한 것을 별도의 장으로 특별히 다루고 있다. 여기에는 1904년 5월 19일 한국정부가 <관보> 호외를 통하여 러시아와의 국교 단절을 선언한 내용과 당시 러시아에게 허락하였던 두만강, 울릉도 삼림 伐植 특허를 전면 무효로 선언한 내용 등이 들어있다.

4. 外国地理 上·下, 神戸弥作, 六盟館, 1905

이 책은 중학교, 사범학교 및 고등여학교에서 외국 지리과의 예습용, 복습용, 각종 고등전문학교 입학 수험용 및 소학교 외국지리과 교재편성 등의 목적에 충당하기 위해 편찬된 것이다. 즉, 일선 중·고등학교 지리교재의 기초 자료 내지는 일종의 참고서로 활용하기 위한 목적으로 출간된 것이라고 할 수 있다. 이 책의 자료가 된 것으로는 1905년에 발간된『정책년감』과 동년 8월에 출판된『세계연감』이다. 일반 지리자료와 함께 문학적이고 역사적인 요소를 덧붙여 편찬하였다. 慶應義塾 文學士인 편자가 교과용으로 편찬한 것인 만큼 설명 위주가 아니라 간단한 문답식으로 구성한 점도 이 책의 특징이다.

책의 구성을 보면 總解를 비롯하여 세계를 아시아, 태평양, 아프리카주로 크게 나누어 각각의 세세한 요소를 설명하는 방식을 취하고 있다. 총해에서는 기본적으로 지리학이란 무엇인가에 대한 정의를 내리면서 그외 6대주와 세계의 인종과 인구, 각국 철도의 길이, 일본부터 각지에 이르기까지의 항로, 세계 각국의 영토에서 세계의 종교에 이르기까지 인문지리에 포괄되는 거의 모든 내용을 망라하고 있다. 아시아, 태평양, 아프리카 등 커다란 단위의 대륙을 소개할 때는 각 대륙의 면적과 인구, 연혁과 지세 등을 먼저 서술한 뒤 그에 속하는 각국의 내용을 소개하는 형식을 취하였다.

아시아에 속하는 각국 나라 즉, 한국, 청국, 아시아 러시아, 아시아 터키, 아라비아, 페르시아, 아프가니스탄, 키르키즈스탄, 인도, 영국령 인도차이나, 미얀마, 프랑스령 인도차이나, 말레이 군도 등을 개별적으로 다루

면서 한국을 가장 먼저 서술하고 있는 점이 눈에 띈다. 또한 책의 제목이
외국지리이다 보니 일본 본국과 관련한 내용은 당연히 제외되어 있다. 태
평양은 오스트레일리아, 멜라네시아, 미크로네시아, 폴리네시아 등으로
구성하여 설명하였다. 아프리카주로 가서는 북동부아프리카, 북부아프리
카, 서부아프리카, 중부아프리카, 남부아프리카, 동부아프리카, 島嶼 아프
리카 등의 순으로 상세하게 접근하였다. 책은 상·하 두 권으로 구성되어
있다.

　한국과 관련하여 서술하면서는 "한·청의 경계부분은 산맥으로 나뉘는
데 서북방의 경계는 장백산맥이 있어 露領과 만주를 구분 짓고, 동북방의
경계는 백두산맥으로 경계를 이룬다"고 서술하였다. 한국의 주요 하천을
소개하는 부분에서는 圖們江을 두만강이라 하며 노령과 경계를 이룬다고
보았다. 해안선의 경계와 관련해서는 "일본해의 연안은 급경사를 이루고
있어 항만과 도서가 적으나, 황해연안은 그 반대로 얕은 항만과 도서가
많다"고 서술하였다. 이처럼 동해를 일본해로 표기하고 있는 모습도 눈에
띄는 부분이라고 할 수 있다.

　각각의 지방을 구체적으로 설명하는 가운데 강원도의 대체적인 개요를
언급하면서 해안수산자원이 풍부하며 日·露 해전으로 유명한 울릉도가
전면에 있다고 기록하였다. 울릉도는 또한 松島로도 병기하였다. 당시 울
릉도와 관련한 행정구역 개편을 보면 1900년(광무 4년)에 울도군으로 개
칭하여 강원도에 편입되어 있었다. 1906년(광무 10년)에 경상남도에 편입
된 후, 1914년 다시 경상북도로 이속되었다. 때문에 1905년 이 책을 편찬
할 당시 울릉도는 행정구역상 강원도의 부속도서였던 셈이다. 책에서는
이러한 사실이 비교적 정확하게 기술되어 있다. 또한 울릉도를 송도로 파
악하고 있던 일본의 인식도 살필 수 있으나, 부속도서인 독도에 대한 기
록은 아예 없어 이에 대한 인식은 결여되어 있었음을 볼 수 있다.

5. 世界地理, 野口保興, 早稻田大學 出版部, 1905

  일본 학자 野口保興이 강의 교재로 사용할 목적으로 편찬한 세계지리 서이다. 지리서라고는 하나 단지 지리적인 부분의 서술에만 국한하지 않고 나라별로 自然之部와 政治之部를 구분하여 정치, 경제, 재정, 문화 등 다양한 분야에 관하여 간략하게 서술을 하고 있는 것이 특징이다.

  책의 구성을 보면 세계 대륙을 아시아 주와 오세아니아 주, 유럽 등으로 구분하여 서술하고 있으며 아메리카와 아프리카 등과 관련한 내용은 다루고 있지 않다. 아시아 주에는 총론을 비롯하여 한국, 청국, 인도, 파키스탄, 아프가니스탄, 페르시아, 아시아 터키, 아라비아 반도, 아시아 러시아, 코카시아, 중앙아시아, 시베리아 등을 포함하여 다루고 있다. 다음으로 오세아니아 주 대륙부에서는 오스트레일리아와 태즈매니아를, 도서부에서는 연안도서를 다루었다. 유럽 대륙에서는 총론을 통해 러시아를 다루고, 북부에서는 스칸디나비아 반도와 덴마크 왕국, 중부의 독일 외스터라이히 운가른 군주국, 슈와이츠, 서부에서는 네덜란드 왕국, 벨기에 왕국, 모레스네, 프랑스 공화국, 모나코 공국, 영국, 그리고 남부에서는 이베리아반도, 이탈리아 왕국, 산마리노 공화국, 말타와 발칸반도를 각각 다루었다.

  이 가운데 한국은 특히 아시아 주에서 첫 번째로 서술하고 있어 러일전쟁을 거친 후 한국을 본격적으로 보호국화 하면서 이를 중시해 온 일본의 태도를 엿볼 수 있다. 총론에서 다루고 있는 기본 서술과 마찬가지로 한국의 자연, 바다, 육지, 산지, 강, 지세, 기후, 정치, 종족, 인구, 언어, 교육, 종교, 기질, 풍속, 의복, 정치체제, 행정구획, 군사, 외교, 재정, 산업, 교통 및 각 도에 관한 내용을 총체적으로 다루고 있다. 이른바 자연지리와 인문지리적 내용과 요소를 총괄하였다.

이 가운데 한국의 자연지리를 설명하면서 한국 북쪽의 국경을 서술한 부분을 보면 한국의 極北은 두만강 연안의 永達 근방이며, 極東은 두만강 입구로 되어 있다. 따라서 북쪽은 不咸(장백)山脈과 두만강이 아시아 러시아와 경계를 이루고, 압록강을 끼고서는 청국과 국경을 마주하는 것으로 되어 있다. 또한 동쪽은 일본해, 남쪽은 조선해협을 사이에 두고 일본과 마주하고 있으며, 서쪽은 황해에 임하여 청국을 향하고 있는 양상으로 사면의 국경을 설명하고 있다. 여기서도 동해를 일본해로 서술하고 있다.

한국의 수계를 설명하면서 두만강의 중국식 명칭인 圖們江으로 표기함으로써 중국 측 시각으로 한국의 변경을 나타내고 있음을 볼 수 있다. 또한 행정구역상의 각 도를 설명하는 가운데 강원도에 속해 있는 울릉도를 서술하면서는 "울릉도는 杉, 松 등의 훌륭한 재목들을 생산하며 어산이 풍부한 곳"으로 묘사하고 있다. 그 부속도서인 독도와 관련해서는 구체적인 서술내용이 보이지 않아 관심영역 밖이었음을 보여준다.

6. 韓國新地理, 田淵友彦, 博文館, 1905

田淵友彦이 1905년 박문관에서 펴낸 지리서의 일종이다. 서문에서 저자는 한국이 일본의 '부속국', 혹은 '보호국'임을 세계가 공인한 상황을 강조하고 있다. 한국은 일본의 판도이며 사할린, 한국, 만주의 일부 땅에 대해 새롭게 알아야 할 필요가 있으므로 먼저 한국에 관한 지리, 문화를 일반인들에게 알리고 과학적으로 교육시키기 위해 이 책을 편찬한 것으로 명기하고 있다. 북쪽 국경 근처에 있는 간도는 청국 길림성에 속한 지역으로 인식하고 있다. 독도는 확실하게 그 귀속 여부에 대해 언급하고 있지는 않으나, 울릉도의 부속 무인도라는 점을 명기하고 있다. 울릉도는 강원도의 부속도서로 기록하였다.

책의 구성은 서문과 제 1, 2, 3편으로 되어 있다. 목차를 보면 한국전도와 서문을 먼저 싣고 있으며, 제1편 地文地理 부분에서는 (1) 명칭, (2) 위치, (3) 경계, (4) 면적[廣袤], (5) 해안선, (6) 지세, (7) 산지, (8) 수지, (9) 기후, (10) 조류, (11) 조석, (12) 생산물 등을 다루고 있다. 제2편에서는 인문지리 분야 즉, (1) 주민, (2) 종교, (3) 교육, (4) 정치, (5) 병제, (6) 재정, (7) 외교, (8) 산업, (9) 화폐, (10) 교통 등을 다루고 있다. 제3편에서는 (1) 경상도 (2) 전라도 (3) 충청도, (4) 경기도, (5) 강원도, (6) 함경도, (7) 황해도, (8) 평안도 등 전국 각 지역의 지지를 다루고 있다.

한국전도에 나타난 변경지역에 대한 인식을 보면, 북쪽 경계를 압록강 및 도문강으로 기술하였다. 한·중 국경을 서술하면서 두만강을 중국식 발음인 圖們江으로 기록한 것은 한국 측 입장에서 쓰기 보다는 중국 측 입장을 염두에 둔 것으로 볼 수 있다. 또한 울릉도 및 독도와 관련해서는 울릉도를 '松島', 독도를 '竹島-리앙쿠르 암초'로 기재하고 있다. 독도를 구체적으로 표시하고 있는 것으로 보아 이를 울릉도의 부속도서이면서 한국에 속한 도서로 분명하게 인식하고 있었던 것으로 보인다. 이 외에도 한국의 국경과 관련하여 "북방의 대륙과 연결된 부분은 하천 및 산맥에 의해 자연적 경계를 이루는데, 곧 지나와는 압록강 및 不咸(長白)산맥에 의해, 노령 烏蘇里(우수리강)와는 두만강에 의해 경계된다"고 기록하였다.

독도의 입지에 대해서는, "本島(울릉도)에서 동남방 약 30리에 우리의 隱岐島(오키도)와 거의 중앙에 위치하는 무인도 하나가 있다. 세간에서는 이를 '양코'島라 칭한다"고 기술하였다. 이처럼 독도의 귀속문제는 명시하지 않았으나, 울릉도의 부속 무인도로 판단하여 한국의 지리를 설명하는 범주 안에 넣고 있었음을 볼 수 있다. 이처럼 한국이 외교권을 상실하게 되는 을사늑약이 체결된 1905년까지는 일본의 인식 속에 독도는 한국령이라는 사실이 뿌리 깊게 새겨져 있었던 것으로 보인다.

한편 일본의 오키도와 독도 거리는 약 85해리로서, 울릉도와 독도 거리
인 약 50해리보다 35해리 정도가 더 길다. 따라서 엄밀히 살피면 '동남방
약 30리에 우리의 隱岐島와 거의 중앙에 위치하는' 독도가 아니라, 동쪽
의 울릉도 쪽에 붙어 있는 독도로 설명이 되어야 할 것이다.

7. 韓國地理, 矢津昌永, 丸善, 1906

책의 서언 말미에 1904년으로 표기되어 있는 것으로 보아 이때 발간한
책을 1906년에 재판한 것임을 알 수 있다. 저자는 한국이 실로 일본과 가
장 가까운 이웃나라이자 일본과 대륙 사이에 위치하여 일본의 번속국, 혹
은 실질적인 완충지대로서 동심일체의 나라이며 결코 외국으로 간주해서
는 안 된다는 점을 먼저 강조하고 있다. 서언 곳곳에는 일본이 한국을 이
끌어주고 보호해 준다는 저자의 인식이 놀라울 정도로 드러나 있다. 이를
테면 일본이 청과 전쟁을 치르고 러시아와 일전을 불사한 것도 親邦의 영
토보전과 한국을 위해 진력을 다 기울인 것이라는 식이다. 더불어 이 책
을 편찬한 이유는 일본인들이 한국으로 나아갈 때 한국에 대해 잘 알 수
있게 하기 위해서라는 점을 분명히 밝히고 있다.

이 책은 원래『고등지리』제3권의 아시아 주의 일부분이다. 그런데 한
국에 통감부를 설치하고 한국을 식민지화 하려는 계획이 진행되면서 일
본 내의 한국에 대한 관심에 부응하기 위해 별책으로『한국지리』라는 제
목으로 발간한 것이다. 간도문제는 언급되어 있지 않으나, 서술 상에서
간도는 청국영토로 간주하고 있다. 處誌 부분에서도 간도는 다루고 있지
않다. 또한 독도의 귀속여부도 불분명하게 서술되어 있다.

책의 구성을 보면 우선 한국의 경계와 위치, 연혁 등을 개괄적으로 설
명하고 있다. 다음으로 별도의 장으로서 지세, 산맥, 수계, 기후, 생산물,

주민, 교통, 산업, 정치, 處誌, 조선의 식민적 자격, 한국 風俗繪 도해 등을 구성하여 세부적인 설명을 해나가는 형식이다. '처지'란에서는 전국 8도에 대해 그 역사적 연혁과 산·하천 등의 자연지세, 부속도서 및 항구, 교통로, 특산물 등을 간략하게 소개하고 있다.

한국을 개괄적으로 설명하는 가운데 그 경계에 대해서는 "동남쪽은 일본해와 면해 있고 그 남단은 일본의 대마도와 마주하고 있는데, 조선해협의 폭이 겨우 22리 정도에 불과하여 옛날부터 일본과는 밀접한 관계 속에 있었음"을 강조하고 있다. 또한 북쪽과 북서방면으로는 압록강과 두만강의 천연적 경계에 의해 지나의 만주와 노령 烏蘇里 지방과 경계를 이루고 있는 것으로 서술하였다. 여기서는 두만강이라고 하여 한국 측 표기법을 따르고 있고, 도문강이라는 표현은 보이지 않는다.

울릉도는 '처지' 부분에서 강원도를 설명하는 가운데 언급되어 있다. 그 내용을 보면 "울릉도는 일명 '松島'라 칭한다. 이 섬의 해안에서 80리 떨어진 곳에 隱岐島가 있다.…韓船의 재료가 되는 양질의 수목이 섬 전체에서 자라고 있으며…어류가 풍부하다.…이 섬의 동쪽에 竹嶼가 있다."라고 서술되어 있다. 독도의 귀속 문제를 분명하게 언급하지는 않았으나, 울릉도의 부속도서로 파악하고 있었기 때문에 독도를 서술한 것으로 볼 수 있다. 일본에서는 1905년 이후부터는 독도를 지도상에 잘 표현하지 않는 경향이 두드러진다. 반면, 이처럼 역사서와 지리서에서는 서술하는 경우가 종종 있다.

또한 송도라는 울릉도의 별칭이 소개되어 있어 울릉도를 곧 송도로 인식했던 정황을 파악할 수 있다. 나아가 울릉도와 일본의 서북 경계인 은기도(오키도)와의 거리를 적시함으로써 두 섬의 거리관계, 나아가 한일간의 지리적 거리감을 상정할 수 있도록 하였다.

8. 韓國之實情, 圓城寺淸, 樂世社, 1906

저자는 1905년 6월초 原田十衛와 함께 '국민후원회'의 대표 격으로 한국을 방문했다. 이 책은 저자가 당시 한국을 시찰한 뒤 1906년 7월 14일 '국민후원회 오찬회' 석상에서 보고한 내용을 기초로 저술한 것이다. 저자는 한국에 관한 시찰내용을 후원회의 승낙을 받은 후 <萬朝報>에 연재하였다. 이후 많은 사람들이 간행요청을 해오자 출간하게 된 것임을 밝히고 있다. 따라서 이 책은 특별한 구성과 목차 없이 저자가 경험한 바와 보고들은 내용을 토대로 서술한 일종의 조선견문기요, 시찰기라 할 수 있다.

책의 가장 첫머리에서는 '한국 渡航上의 불편'을 서술하면서, 한국으로 들어가는 선박의 왕래와 출입이 많지 않아 2~3일을 허비한 경험을 언급하고 있다. 저자는 이를 제일 불편한 점으로 들면서 한국에 관한 소개를 시작하고 있다. 책의 대체적인 구성을 보면 부산에서부터 서울까지의 노정, 서울에서 접한 한국에 관한 자료들, 일본거류민에 대한 내용, 일본의 대한정책에 대한 비판을 주된 내용으로 하고 있다.

한국의 강과 하천을 설명하는 부분에서는 북쪽에서 제일 손꼽히는 강으로 두만강과 압록강을 들고 있다. 이들 두 강과 함께 대동강, 한강, 낙동강을 포함하여 한국의 5대강이라 소개하고 있다. 이때 두만강은 곧 두만강으로만 기술했을 뿐, 중국과의 영토분쟁이 얽혀있는 곳으로서의 부가적인 설명은 하지 않고 있다.

그 외 영토와 관련한 내용을 보면 간도에 관해서는 직접적으로 언급하고 있지 않다. 다만 한국의 어업을 소개하는 장에서 강원도의 대표적인 어장과 항만으로서 울릉도와 양코도(ヤンコ島)를 들고 있다. 양코도는 리앙쿠르 암초를 음차한 것으로 독도를 지칭한다. 이는 곧 당시 일본인들이 울릉도와 함께 독도를 한국의 영토로 인식하고 있었음을 뚜렷하게 보여주는 것이다.

9. 韓國事情要覽, 統監府 總務部, 1906

한국을 일람하는 서적으로서 조선통감부에서 편찬한 책이다. 서언에서는 한국을 대일본제국의 일부로 경영하고 한국에 체류하고 있는 일본인들을 위해 경제사정 등을 간략하게 서술함으로써 訪韓者들에게 편의를 제공할 목적으로 이 책을 편찬하게 되었음을 밝히고 있다. 목차를 보면 통감부와 관련한 소속 관서와 관제, 상업관련 통계, 관련 조약 및 법률 등을 두루두루 소개하고 있다. 조선에 머물고 있는 일본인들로 하여금 한국에 관한 보다 많은 지식들을 얻게 하기 위한 요소들이 실제로 많이 실려 있음을 알 수 있다. 책의 첫 장에는 '한국약도'라 하여 한국 전도가 제시되어 있으나, 울릉도와 독도는 표시되어 있지 않다.

목차를 통해 책의 주요한 부분들을 짚어보면, 우선 제일 첫 번째로 한국에 관한 정보를 제공하기 위해 양국 간에 체결한 주요 조약을 소개하고 있다. 다음으로 2. 통감부 및 소속관서의 관제, 3. 통감부 및 소속관서 소재지, 4. 각 이사청 경찰관서 배치표, 5. 통감부 및 소속관서 분과표, 6. 통감부 및 소속관서의 주요 직원, 7. 재한국 일본인 호구표, 8. 한국에서의 일본인 교육사업 현황에 관한 도표, 9. 재한국 일본인 상업회의소 및 조선해 수산조합 사무소 소재지, 10. 한국의 연해 및 內河의 항행에 종사하는 일본 선박표, 11. 조선해 일본 출어선 및 종업자 수, 12. 우편선로 이정, 13. 전신전화선 亘長 및 연장 이정, 전화가입자 수 등, 14. 우편국 所 수, 15. 우편 爲替 취급 수, 16. 한국 각국소 취급 전보통수, 요금, 17. 우편저금, 18. 한국정무기관, 19. 한국 각 顧問部 소재지 및 그 주요 傭聘者, 20. 관찰부 소재지, 21. 감리서 소재지, 22. 한국 관측소 소재지, 23. 한국 고문

경찰관서 배치표, 24. 한국 주요 물산표, 25. 외국에서 수입된 외국품, 26. 외국에 수출된 내국품, 27. 각 개항장에서의 외국 무역액, 28. 외국 무역액 國別調, 29. 외국에 수출한 地金, 30. 세관수입 비교표, 31.한국 입항 선박수, 톤수, 선적별 표 등 한국을 경영하고 활용하기 위한 실질적인 정보자료가 총망라되어 있다.

이러한 자료들 가운데 특히 감리서 소재지와 이사청 소재지 등을 비롯한 중요지역들은 한국지도 위에 표시하기도 하였다. 지도상에 그려진 한국의 북쪽 국경선은 압록강과 圖們江으로 획정되어 있다. 圖們江은 두만강의 중국식 지명으로서 일본이 일관되게 중국 측 시각에서 내용을 서술하고 있음을 알 수 있다. 또한 지도 위의 부산 옆에는 원산, 下關, 長崎, 인천 등 한국과 일본의 주요 항구까지의 거리가 리 단위로 표시되어 있다.

한편 통감부 이사청 경찰관서 가운데 대구경찰분서 산하에는 울릉도 주재소가 소속되어 있다. 독도에 대해서는 설명도 생략되어 있고 지도에도 특별히 표시되어 있지 않다. 이는 곧 1905년 외교권을 박탈한 이후 일본의 영향력이 작용한 결과로 보여진다. 또한 1905년 2월 일본 시마네현에서 독도를 일본 소유로 고시한 후부터 조선을 나타내는 지도상에 독도 자체가 아예 사라지는 현상이 생기기도 하는데, 이는 그 일면을 보여주고 있다.

10. 竹島及欝陵島, 奧原碧雲, 報光社, 1907

이 책은 울릉도 및 독도의 지세, 물산, 생업, 연혁 등의 현황을 조사하여 편찬한 것이다. 일본에서의 독도와 울릉도에 대한 연구는 러일전쟁기인 1905년 2월 독도를 일본영토에 편입시키려는 일환으로 시마네현에 소속시키면서 가속화되기 시작하였다. 시마네현에서는 독도편입의 명예를 기념하기 위하여 시찰조사단 40여 명을 파견하고 울릉도와 주변도서를 조사하였다. 이 책은 조사를 완료한 후 올린 보고문을 참고로 하여『죽도와 울릉도』라는 제목으로 편찬해낸 것이다. 저자인 奧原碧雲은 글을 쓰기 위해 조사단의 일원으로 동행했던 인물이다.

책의 구성을 보면 서언을 비롯하여 죽도의 지리, 기후, 생물, 어업, 어민 생활의 상황, 연혁 등에 대해 서술하였다. 울릉도에 대해서도 죽도와 마찬가지로 지리, 기후, 생물, 생업, 무역, 교통, 주민, 교육, 정치, 토지, 본방 이주민, 연혁 등을 서술하고 있다. 독도와는 달리 자연 지리적인 측면 외에도 인문지리적인 여건과 상황도 아울러 조사하여 기술하고 있는 점이 특징이다. 이 외에도 울릉도와 죽도 및 일본 영토의 서북 경계인 隱岐島까지 표시한 동해 지도와 죽도 및 울릉도 조감도를 비롯하여 부록으로 죽도도항일지 및 寒潮餘韻(詩歌) 등이 함께 실려 있다.

특기할 점은 울릉도는 옛날부터 죽도라는 명칭으로 불리어졌지만, 실지 답사를 통해 살펴본 바 울릉도는 『水路誌』에 일명 송도로 게재되어 있고 종래의 기록에서 보인 죽도의 기사는 신죽도로 보아야 한다는 주장이다. 즉 은기의 서북 40리 해상에 송도가 있는데 암도라는 기록으로 보아 이번 시마네현에 편입된 신죽도(독도-저자 주)를 일컫는 것이며, 은기의 서북 70여 리에 죽도가 있다는 기록은 조선인이 거주하는 큰 섬으로서 리앙쿠르 열암의 신죽도로 보아야 한다는 것이다. 또한 雲伯 지방의 어부가 죽도라 칭한 것은 모두 울릉도로서 신영토의 죽도로 종래 칭해오던 수목이 울창한 죽도와 오해하여 울릉도의 영토에 편입시켰다는 것이다. 이로써 어부가 여러 번 도항한, 수목이 우거져 좋은 재목들이 많고 주민이 많으며 어종이 풍부한 이곳 죽도는 곧 울릉도라는 것이다. <邊要分界圖考>에서도 분명히 일본해 가운데 송도·죽도의 두 섬을 기재하였고 울릉도와 죽도는 다른 것으로 地誌에 게재하였다.

울릉도를 죽도라 하고 신죽도를 송도라 칭한 바가 이와 같은데,『수로
지』는 이를 바꾸어서 울릉도를 일명 송도라 하고 신죽도를 리앙쿠르도
열암이라고 표기하였다.『竹島圖說』과『竹島考』등에 나타난 죽도에 관
한 기사는 전적으로 울릉도의 기사가 신죽도가 아니라는 것을 명백히 하
였다.

이는 곧 일본이 울릉도와 독도를 죽도와 송도로 칭했다가 기록물에 따
라 송도와 죽도로 칭하는 등 명칭 상의 혼란을 일으키고 있었던 사실을
보여주는 것이다. 따라서 일본인들이 독도에 대한 인식을 옛날부터 정확
하게 가지고 있었다고 보기는 어렵다. 책에서는 이러한 죽도를 일본 영토
에 편입시킨 것은 섬의 위치나 경영상, 역사상으로 볼 때 논의의 여지가
없을 정도이기 때문에 마땅히 편입하게 된 것이라고 서술하고 있다.

그러나 일본이 울릉도와 독도를 죽도와 송도로 칭했다가 송도와 죽도
로 칭하기도 하는 등 명칭상의 혼란을 빚은 것은 그만큼 독도에 대한 관
심과 인식이 적었다는 의미이다. 이는 울릉도와 독도가 그들의 영토가 아
니기 때문에 그동안 관심을 두지 않았음을 보여주는 것이다. 그 결과 명
칭상의 혼란마저 빚은 것으로 볼 수 있는 것이다.

11. 大日本現勢地図附録, 地理研究會, 文祥堂, 1907

이 책은 일본 지리연구회에서 대일본지도를 제작하고 그 부록으로 발
행한 것이다. 책을 열람하는 사람들의 참고자료로 제공하기 위해 만들었
다. 일본의 판세에 한국 및 청국을 함께 수록하고 있는 것이 특징이다. 그
러나 주된 서술은 일본의 지리에 관련된 것으로 한국 및 청국에 대한 언
급은 소략한 편이다. 독도에 대한 언급은 별도로 서술되어 있지 않다. 독
도를 오래전부터 일본영토로 인식해 왔다는 일본의 주장이 허구라는 사

실을 알 수 있다. 반면, 간도를 중국 땅으로 보고 있는 점이 주목된다.

대체적인 책의 구성을 보면 일본의 地誌를 소개하는 장에서는 郡市區
名, 府縣名과 그 관할국 郡名, 저명한 高山과 활화산, 휴화산, 하천, 폭포,
沼湖, 온천, 해양, 灣, 해협, 지협, 岬角, 임야 및 목장, 등대소재지, 항구
및 개항장, 역대 능 및 그 소재지, 기후 측후소의 구획 등 일본의 자연지
지와 관련한 거의 모든 분야를 망라하여 소개하고 있다.

한국의 지지와 관련해서는 한국의 저명한 항만, 산악, 하천, 街道 및 철
도, 개항장, 행정구획 등에 대해서 조사한 것을 간추려 서술하고 있다. 또
한 일·청·한 삼국간의 항로에 대한 輋도 별도로 마련하여 설명하였다. 청
국의 지지와 관련해서는 청국의 저명한 하천, 소호, 고산, 高原 附 사막,
항만 및 해협, 鐵道線名, 개항장 등을 두루 다루고 있다. 그러나 세세한
설명 없이 간단한 내용만을 소개하고 있다. 때문에 사전적 형식을 띠고
있다고 할 수 있다.

한국의 하천을 서술하면서 두만강은 압록강의 배면으로 흐르는 큰 하
천으로서 만주 길림성과 경계를 이루고 있고, 조선의 최북단을 경계 지으
며, 한국의 동북부지역에서 최고로 좋은 水路임을 강조하고 있다. 여기서
는 두만강의 지리적 특색만을 소개할 뿐, 이와 관련한 영토분쟁의 내용은
전혀 들어있지 않다.

12. 新撰韓國事情, 小松悅二, 東亞研究會, 1909

이 책은 한일협약이 체결되고 통감정치가 실시되면서 한일간의 관계가
더욱 돈독해짐에 따라 일본국민에게 한국의 사정을 충분히 인식시키고
한국을 보호지도하기 위한 자료로 활용하기 위해 쓰여졌다. 일본에서는
자국이 세계의 1등국으로서 동양평화를 담보해야 할 막중한 임무가 있는

것으로 판단, 동아연구회를 조직하고 한·청·인도·지나·미얀마 등의 나라를 조사하고 연구하는 작업을 벌여왔다. 연구의 내용은 주로 동아시아의 상업과 농업, 철도광산의 경영, 천연자원과 부원의 개발 여지 등에 대한 자료조사이다.

책의 저자인 小松悅二도 동아연구회 회원으로서 한국의 실정을 조사하기 위해 파견되었다. 저자가 조사한 내용은 한국의 정치와 고문제도, 제국신민에 대한 행정 등 한국의 정치적 변화와 함께 농업, 삼림, 어업, 광업과 같이 경제활동 일반에 관련된 것들이었다. 여기에 8도의 광산과 지질을 소개함은 물론 교육, 종교, 항만 등과 관련한 폭넓은 정보까지 담고 있다. 따라서 한국을 침략하고 경영하기 위한 자료로 활용하려한 측면이 엿보인다. 책 말미에는 특히 「韓國紳士錄」을 마련하여 한국 각지의 유명인물 및 일본인 명사들을 소개하고도 있다.

책의 서술 가운데 울릉도와 관련해서 눈에 띄는 대목은 어업 중심지로서 울릉도를 거론하고 있다는 점이다. 강원도의 어업 근거지를 설명하면서 한진, 묵포, 주문진 등과 함께 울릉도를 언급하고 있는데, 독도와 관련한 내용은 서술되어 있지 않다. 이는 독도가 당시 어업생산지로서 중요한 역할을 하는 항만은 아니었기 때문에 그런 관점에서 소략한 것으로 보인다.

책의 대체적인 구성을 보면 우선 제1편 총론에서는 1905년 11월 17일 일본전권대신 林權助와 한국외부대신 朴齊純 사이에 일한협약이 체결된 이래 한국은 일본의 보호국이 되었음을 서술하고 있다. 아울러 일한협약 내용·전문을 소개하고 있다. 중국과의 관계에 있어서는 한국의 역사대강과 국제관계, 정치연혁의 개요를 서술하였다. 이어서 제2편 정치면에서는 (1) 토지국민, (2) 통감부 개설 전의 시설, (3) 통감부의 개설, (4) 한국고문제도, (5) 在韓 제국신민에 대한 행정, (6) 한국경찰, (7) 한국정무기관, (8) 정미 변혁기, (9) 新政의 서광, (10) 일한의 친밀 등을 다루었다.

다음으로 제3편에서는 재정 및 경제 분야를 서술하였다. 그 소목차를 보면, (1) 歲計, (2) 조세, (3) 재원조사, (4) 외국무역, (5) 국채, (6) 금융, (7) 화폐, (8) 시설사항 등의 내용이 포함되어 있다. 제4편에는 기후·토지·관개배수·수운·양잠·농산물 등 한국의 농업분야를 다루었다. 제5편 삼림에서는 한국의 임정과 한국임야의 황폐한 상태 및 압록강 유역 삼림 벌목 사업에 대해 서술하였다. 제6편에서는 한국의 어업을, 제7편 광업에서는 한국의 지형과 지질 및 광산 등을 소개하면서 전라도·경상도·황해도·경기도·충청도·평안남도·강원도·충청북도·평안도 등지의 광산을 보다 상세히 서술하고 있다. 제8편에서는 교육과 종교를, 제9편은 都府 및 항만을, 그리고 마지막 제10편에서는 광업법 등의 한국법규를 설명하였다. 부록으로 「한국신사록」을 싣고 있다.

이처럼 한국에 대해 자료적 가치가 있는 내용들을 망라하여 한권의 책으로 구성하였다. 이는 서문에서 밝힌 바와 같이 한국을 순조롭게 경영하는데 이 책이 기초자료가 되도록 하기 위해 출간된 것임을 보여준다.

13. 朝鮮·支那 地名辭彙, 根來可敏, 共同出版, 1910

조선과 중국의 지명을 소개하고 설명하는 사전류이다. 책에서 담고 있는 지명을 선정한 기준은 일상생활에 필요한 것을 위주로 하였고, 작은 지명과 그에 따른 위치를 분명하게 하고자 하였다고 밝히고 있다.

책의 구성은 각각의 지명마다 청 또는 조선에 속한 지역인지에 대해 귀속 여부를 덧붙이고, 이에 대한 일본식 가타가나(カタカナ) 음을 달았다. 중국식 발음과 한국식 발음, 혹은 일본식 훈독이 혼재되어 있는 것을 통해 당시 일본인들이 각각의 지명을 어떻게 지칭했는지를 알 수 있다.

예를 들면 울릉도를 서술하면서는 "조선의 강원도 해안으로부터 동방

36리 바다 가운데에 있다. 옛날에 일본이 出雲地方에서 隱岐를 경유하여 신라로 들어가는 기항지였으며, 왜구의 근거지"인 것으로 설명하고 있다. 독도에 대해서는 나와 있지 않다. 竹島라는 지명은 두 개 등장하지만 제주도 서부에 있는 섬과, 군산항에서 12리 떨어져 있으며 둘레가 10여 町 정도 되는 작은 섬으로 설명되어 있다. 이는 기존에 알려진 독도와는 상이한 섬으로서, 독도에 대해 구체적인 인식과 지식이 결여되어 있었음을 볼 수 있다.

간도에 대한 설명으로는 우선 청국의 영토인지 조선의 영토인지를 표기하지 않았다. "간도는 청·한 양국의 경계를 정하는데 청은 海蘭河(해란강)까지, 조선은 도문강까지로 하고, 그 사이에 있는 땅은 중립으로 하였다. 그러나 러시아의 세력이 커지면서 청은 이곳을 본국 영토로 만들었다. 동시에 조선과 교섭을 벌였으나, 지금은 청국의 영토가 되었다"고 서술하였다.

이처럼 지명에 대한 간단한 유래와 위치를 설명하는 사전형식이다 보니 각각의 지명이 안고 있는 역사적인 현안과 관련한 서술은 생략되어 있는 편이다. 그럼에도 독도를 어떻게 인식하고 있었는지, 울릉도에 대한 설명은 어떻게 되어 있는지를 파악하는데 유용한 자료가 된다.

14. 朝鮮之實情, 井手正一, 公友社, 1910

을사늑약과 한일병합이 이루어지던 시기 대부분의 역사서 출간 동기와 마찬가지로 이 책 역시 일본이 한국병합 이후 일본 내지인을 위하여 조선의 사정과 그 대강의 내용을 손쉽게 알리기 위해 서술된 것이다. 합방 직후인 1910년 9월에 발간된 책으로서 특히 조선의 역사, 풍속, 3대산업, 철도 등의 주요 부분을 집중적으로 서술하고 있는 것이 특징이다.

제1장에서는 병합의 의의를 가장 먼저 서술하고 있다. 이어서 한국의 8도 지리와 풍속과 인정은 물론, 한국의 농업·제조업·상업·수산업·광업·산림업 등 각종 산업 전반에 대한 주요 내용을 살피고 있다. 교통과 철도망을 세세하게 소개하는 장도 별도로 구성되어 있다.

8도의 지리를 서술하는 장에서는 강원도가 동쪽으로 일본해에 임한다고 서술하고 있다. 동해라는 표기 보다 일본해라고 지칭하는 것이 일본에서는 일반적인 인식이 되어 있었음을 알 수 있다. 또한 함경도의 지리를 서술하면서는 북쪽의 두만강을 경계로 지나 및 러시아령과 국경이 구분된다고 보았다. 이처럼 지리와 관련한 서술만 하고 있기 때문에 두만강 즉 圖們江과 백두산정계비의 土門江을 둘러싼 국경분쟁의 내용이나, 독도를 둘러싼 인식 등은 서술되어 있지 않다.

15. 朝鮮新地誌, 足立栗園, 積善館, 1910

한국을 병합한 이후 조선의 지리를 조사하고 역사를 연구하여 일본과 조선은 옛날부터 깊은 관계 속에 있었다는 것을 일본의 少年諸子들에게 알리기 위해 저술한 책이다. 또한 조선의 지지와 역사를 설명함으로써 병합의 유래에 대한 명확한 지식을 제공하고, 새로운 영토에 대한 지식을 갖게 하기 위해 쓰여졌다. 이 책은 저자가 종래 조사한 내용에다 『한국지리』, 『한국요람』, 『조선기문』, 『東亞各港誌』 등의 도서와 최근의 조사 통계를 참고하여 저술한 것이다.

책의 구성과 목차를 보면 서언을 시작으로 1. 위치와 면적, 2. 연안과 항만, 3. 지세와 도서, 4. 산맥과 河流, 5. 1督府 13道, 6. 도시와 그 연혁, 7. 교통과 운수, 8. 國産과 무역, 9. 정치와 군비, 10. 인종과 계급, 11. 기후와 풍토, 12. 의식주와 풍속, 13. 교육과 종교, 14. 朝鮮小史, 15. 조선외교사, 16.

조선합방시말, 17. 朝鮮逸話, 18. 朝鮮新華族 등 18장으로 되어 있다.

국경 및 영토와 관련한 주요 서술내용을 보면 제1장에서는 조선의 위치를 설명하면서 동쪽으로는 일본해와 만나고, 북방으로는 압록강이 중국령인 만주와 육로로 닿아 있으며, 두만강이 러시아령의 시베리아 지방과 맞닿는 것으로 되어 있다. 동해를 일본해로 기술하고, 북방경계를 압록강과 두만강으로 간주하는 것은 여타의 역사서와 동일하다.

지리학상의 위치는 동경 125도 5분에서 130도 58분 사이의 가로 폭으로 영토가 형성되어 있는 것으로 보았다. 이는 동경 130도 55분 20초에 위치한 울릉도를 기준으로 본 것이며, 독도를 東端으로 간주한 것은 아니다. 그런데 제3장 지세와 도서 부분에서 한반도를 둘러싼 여러 섬들을 서술하는 가운데 울릉도를 소개하고 있다. 그에 따르면 강원도의 동방해상 80리, 즉 은기도(오키도)의 서방 140리 해상에 울릉도라는 큰 섬이 있다는 점, 울창한 나무들이 빽빽하여 材木이 많고 인근 연해에는 어류가 풍부하다는 점, 일명 송도라고도 한다는 점, 막부시대에 밀항자가 있어 일시 소동을 벌인 적이 있다는 점 등으로 서술되어 있다. 이와 더불어 "이 섬의 동쪽에 竹嶼라고 하는 작은 섬이 있다"라고 서술하고 있어 독도를 '죽서'로 명명한 사실을 보여준다. 따라서 이 시기 일본에서는 울릉도를 송도, 독도를 죽서로 명명하고 두 섬을 분리해서 인식하고 있었음을 알 수 있다.

또한 이와 관련하여 책의 앞장에 나타나 있는 지도를 보면 울릉도는 울릉도로, 독도는 죽도로 표기되어 있다. 즉 일본은 울릉도를 울릉도 내지 송도로, 독도는 죽도 내지 죽서로 각각 표기하고 있었음을 알 수 있다. 이처럼 일본은 독도를 조선의 영토로 인정하고 있었기 때문에 본 책자를 통해 소개하고 있는 것이다. 또한 합방을 계기로 조선의 영토는 물론 도서지방까지 상세하게 조사하여 서술함으로써 내지인들의 교육적 자료로 활용하려 하였음을 알 수 있다.

16. 最近韓国事情要覧, 統監府, 1910

이 책은 한국에 관한 정보와 근황들을 제공하여 조선에서 일본인들이 시설을 경영할 때나, 在朝 일본인의 발전과 편의를 도모하려는 목적으로 통감부에서 편찬한 것이다. 주로 통감부와 관련된 기관들에 대한 간단한 연혁과 함께 요긴한 법령, 각종 통계자료들을 수록하고 있는 것이 특징이다.

주요 내용으로는 통감부 설치의 연혁을 서술하면서 통감부의 주요 관제와 한국의 법령 등을 싣고 있다. 통계 부분에서는 한국의 토지와 인구, 경찰과 감옥의 현황, 한국의 농·수·상·공업, 은행 및 금융, 교통, 재정 등을 소개하고 있다.

영토 및 영해와 관련한 서술내용을 보면, 책의 첫머리에 있는 '韓國略圖'에는 동해상에 울릉도를 표기하고 괄호 안에 '송도'로도 표기하였다. 울릉도 옆에는 독도라는 이름이 표시되어 있지는 않지만, 독도로 추정되는 작은 섬을 표시해 두었다. 동해를 일본해로 표기하고 있는 점도 눈에 띈다. 간도와 관련해서는 한국의 조약과 법령을 소개하는 장에서 간도협약의 내용을 싣고 있다. 간도분쟁의 내용에 대해서는 별도의 설명을 하지 않은 채, '간도에 관한 일·청간 협약'의 제목으로 명치 42년(1909) 9월 4일 조인되었음을 나타내고 있다. 일본은 청과 함께 선린과 우의를 가지고 도문강을 청·한 양국의 국경으로 서로 확인하였다는 내용을 담고 있다.

보호조약 체결 직후인 1906년 통감부에서 1차 발행했던 『한국사정요람』을 한국병합에 즈음하여 다시 증보한 것으로 보인다. 영토와 관련하여 독도를 정확하게 표시한 것은 아닐지라도 울릉도 옆에 부속도서로서 작은 섬을 표기했다는 사실만으로도 독도를 인식하고 있었다는 의미가 된다.

따라서 당시 일본은 울릉도 및 독도를 조선의 영토로 확실하게 인정하고
있었음을 알 수 있다.

17. 朝鮮誌, 吉田英三郎, 町田文林堂, 1911

저자 吉田英三郎은 공무와 개인적인 일로 6년 동안 한국의 연안과 내
륙을 두루 주유한 적이 있었다. 그러던 차에 한국병합이 이루어졌고, 이
를 기념하기 위해 그동안 자신이 모은 자료를 모아 책으로 엮었음을 밝히
고 있다. 아울러 저자는 이 책을 집필함으로써 조선에 대해 알고자 하는
시세의 요구에 부응하고자 하였으며, 주요 독자는 조선에 거주하는 일본
인들을 대상으로 하였다. 조선에 대한 지리 외에도 법률, 교통, 산업, 상
업, 식민사업 및 인류학적 지식들을 두루 서술하고 있다. 따라서 내외지
식인들에게 기본적인 자료를 제공한다는 면에서도 의미가 있는 책이다.

책에서 주로 다루고 있는 내용은 조선의 연혁, 위치, 경계, 지세 등의
자연지리적 측면과 인종, 언어문자, 사회계급, 풍속습관, 종교 등의 인문
지리적인 내용, 그 외 경찰, 사법, 통치기관, 농업을 비롯한 주요 산업, 전
국 13도의 자연지리적 내용과 주요 郡 등에 대한 소개를 담고 있다. 전체
49장으로 구성되어 있다. 특히 전국 13도의 주요 군과 읍에 대해서는 군·
읍의 연혁, 지세, 유명한 유적지 등을 세세하게 서술하고 있다.

영토와 경계에 대한 인식을 보면, 조선의 국경을 서술하면서 "북쪽은
장백산맥 및 압록강에 의해 만주와 국경을 이루고, 동북은 두만강에 의해
러시아령 우수리주와 접한다"라고 되어 있다. 책의 앞부분에 있는 '朝鮮
誌附圖'에서는 간도를 청국영토로 나타내고 있으며, 울릉도는 표시하고
있으나 독도는 나타내지 않았다.

울릉도는 13도지 가운데 경상남도 울도군에서 소개하고 있다. 울릉도

는 1900년 강원도에 속해 있다가 1906년도에 경상남도로 편입되었으므로 한국의 행정개편에 따라 편재한 것으로 보인다. 울릉도를 '일본해 가운데에 외롭게 떠있는 섬'으로 묘사하였으며, '武陵' 또는 '羽陵'이라고도 한다고 되어 있다. 부산에서 170리, 강원도 울진에서 80리 떨어진 섬으로 동서 5리, 남북으로 4리 정도의 크기로 묘사하였다. 남면에 있는 유일한 항구인 道洞까지 울릉도의 자연지리에 대해 상세하게 설명하면서도 독도에 대한 서술은 전혀하지 않고 있는 점이 주목된다.

18. 大日本地理集成, 矢津昌永 等, 隆文館, 1911

1906년 봄에 나온 초판을 증보한 책이다. 저자는 책의 서두에서 '자연과 인문과의 결합'을 중시하고 있는데, 그동안의 지리서는 사실을 나열하기만 하여 "소위 地誌로서 地理가 없었다"고 평가하였다. 따라서 이 책에서는 자연현상과 인사활동을 유기적으로 결합하여 설명해내는 방식을 취하겠다고 하였다. 또한 각 지역마다 인정과 풍속이 다른 점, 각 도읍지의 盛衰와 消長의 차이, 각지 군읍의 현상과 성쇠의 원인을 궁구하고, 애국적 정조를 기르는 자료가 되는 명승유적지에 대한 소개를 풍부하게 하겠노라고 하였다.

전체적인 구성을 보면, 제1편 자연지리 개설에서는 지구에 대한 개략적인 설명과 함께 일본의 위치, 면적, 地體構造, 山系, 地殼의 발육, 水系, 평야, 해안, 기후, 천산물 등의 내용을 서술하고 있다. 제2편 인문지리 개설에서는 주민, 교육, 종교, 산업산물, 교통, 상업, 정치, 재정, 병비, 외교에 대한 내용을 주로 다루었다. 제3편 處誌에서는 關東지방, 本州지방을 비롯한 일본 본토는 물론 중국지방과 대만지방, 樺太지방, 조선지방, 관동주 등 일본이 식민지로 경영하고 있는 영역까지를 모두 포함하여 그 지지를 소개하였다.

조선과 관련한 내용은 제3편 처지 부분에서 다루고 있다. "조선반도의 전체지형은 토끼가 대마도를 뒤로 하고 직립한 채 요동을 향하여 비약하는 형상을 하고 있다"로 서술하고 있다. 이는 종래 다른 역사지리책에서 "중국대륙의 북서쪽 끝에서 일본해로 돌출해 나온 반도국가"로 설명하던 것과는 상당히 다른 서술방식이다. 일본이 중국의 일부와 대만, 조선영토까지 식민지로 만든 이후 일본내지에서 대륙을 향해 바라본 시선의 결과라 할 수 있겠다.

조선 북쪽의 경계는 백두산을 중심으로 두만강과 압록강이 조선과 청국의 국경을 이루고 있다고 보았다. 한편 日本海系에 있는 도문강을 별도로 서술하면서 두만강의 다른 이름이며 만주와 경계를 이룬다고 설명하였다. 국경지역을 언급하면서 백두산정계비와 관련하여 특별한 서술을 하지는 않았다. 다만 중국 측의 표기방식에 따라 '도문강'이라 표현하면서 별도로 설명한 점이 눈에 띈다.

19. (續帝國大地誌) 韓國南滿洲, 野口保興, 目黑書店, 1911

이 책은 저자가 쓴 『帝國大地誌』의 속편으로 발간되었다. 저자는 보호국이 된 한국과 특수한 관계에 있는 남만주에 가서 지리학적 연구에 근거하여 이 책을 기술하였다고 밝히고 있다. 또한 중등 정도의 지리교과의 자료로 활용될 수 있으리라 기대하였다. 서술은 활자의 대소 구분을 두어 핵심적인 내용을 강조하고, 작은 글씨로 그 내용을 보충하는 방식을 취하고 있는 것이 특징이다. 또한 이 책을 쓰기 위해 『朝鮮水路誌』, 『朝鮮八域誌』, 『大韓地誌』, 『韓國誌』, 『韓國土地農産調査報告』 등 수 십 종의 책을 참고자료로 활용하였음을 밝히고 있다.

　책은 한국의 주민, 정치, 생업, 處誌 등과 각종 통계표를 담고 있는 한국 부록으로 구성되어 있다. 특히 처지에서는 한성부를 비롯한 13도 주요 도시의 지리적 요건을 소개하였다. 남만주를 서술하는 장에서는 남만주의 자연지리와 인문지리적 요소를 소개하였다. 남만주 부록에도 역시 각종 통계표가 실려 있다. 이 외에도 산하와 주민, 생업 등을 소개하는 관동주와 관동주의 각종 통계를 실은 관동주 부록으로 구성하였다. 그밖에 강, 항만, 주요 궁궐의 도판도 겸하여 싣고 있다.

　영토 및 영해와 관련한 내용을 보면, 한국의 極北은 두만강 연안의 永達지역으로 보았고, 極東은 두만강 입구의 동경 130도 38분 지역으로 서술하였다. 이는 한반도의 육지만을 영토기준으로 서술한 것이며, 울릉도 및 독도 등의 도서까지는 포함하지 않은 것이다. 독도는 경위도적으로 볼 때 동경 131도 52분 10초 지역에 위치하고 있다. 서술 상에서는 울릉도와 독도를 염두에 두지 않았다. 반면, 한국전도에서는 울릉도를 표시하고 괄호 안에 송도라는 지명으로도 표기를 하여 나타내고 있다. 단, 독도에 대한 표시는 없어서 의도적으로 제외하였다는 인상을 준다.

　또한 "동쪽은 일본해와 접하고 있고, 북쪽은 압록강과 불함산맥 및 두만강을 사이에 끼고 청국 및 아시아 러시아와 인접해 있다"고 하였다. 이로 보아 동해를 일본해로 서술하고, 압록강과 두만강을 북쪽지방의 국경으로 인식하는 것 등은 일본의 일관된 서술방식이었음을 알 수 있다. 경우에 따라서는 장백산맥을 이처럼 불함산맥으로 표현한 책자들도 있다. 우리는 이 당시 산줄기의 이름을 대간, 정간, 정맥으로 명명하였다. 그런데 일본인 지질학자 및 지리학자들이 한국지리의 탐사를 이유로 한국에 들어온 이후 산맥의 개념을 형성시키면서 새롭게 지명을 탈바꿈해 나갔다. 이 책은 그러한 결과로 볼 수 있다.

20. 最近朝鮮事情要覽, 朝鮮總督府, 1912

이 책은 1910년 4월에 간행된 『최근조선사정요람』의 개정판이다. 조선 총독부에서 조선에 대한 시설경영과 일반 및 일본인의 발전 상황, 기타 조선의 사정을 기술하고 관련 통계표를 붙여 독자로 하여금 조선에 대한 개괄적 이해를 돕도록 하기 위해 발간되었다. 또한 1911년도 조선의 제반 사항을 기초로 하여 작성된 자료에 근거하였다고 밝히고 있다.

전체적인 내용으로는 책의 첫머리에 한국병합의 전말을 서술하고 있다. 이어서 조선의 기후와 인구 등의 자연지지, 지방행정, 재정 및 경제, 농·광·수·임·상·공업의 주요 내용, 토지조사, 종교, 고적 및 유물, 교육, 위생, 재판 및 감옥, 경찰, 통신, 교통 등 전체 19장으로 구성하고 있다.

영토와 관련한 서술내용을 보면, 제2장의 地誌에서 지형 및 지세를 설명하는 가운데 영토의 가로범위를 동경 124도 13분에서 동경 130도 54분에 이르는 것으로 보고 있다. 여기서는 동경 131도 52분 10초에 위치한 독도를 제외하고 울릉도까지를 영토영역 범위 안에 넣고 있는 것으로 보인다. 책의 앞부분에 삽입되어 있는 '조선지도'상에서도 울릉도만 표시하였고, 독도에 대한 표시는 아예 없다. 아울러 이 시기 발행된 한국의 지리지 가운데 거의 모든 책에서 보이는 한국위치의 경위도는 정확하지도 않고 통일도 되어있지 않음을 알 수 있다. 또한 동쪽은 일본해에 이르고, 북쪽은 장백산맥의 압록강과 두만강 일부로서 만주 및 러시아령 연해주와 닿아있는 것으로 서술하였다.

이 책과 동일한 종류의 책이 2종 더 있다. 두 책 모두 조선총독부에서 편찬해낸 것인데, 1권에서 7권까지 발행한 것과 8권으로 발행한 것 등 두 종류이다. 1권에서 7권까지의 책은 1911년에서 1920년까지 한국의 자연 및 인문지리의 변화내용을 담아낸 것이다. 8권은 1922년에 그동안의 변화

내용을 담아내어 편찬해낸 것이다. 내용은 대동소이하다.

21. 最新朝鮮大地圖, 朝鮮土地調査會, 日韓書房, 1911

조선의 국경과 8도의 권역이 상세히 묘사되어 있는 조선전도이다. 지도를 제작하게 된 배경이나 경로를 알 수 있는 서문은 없다. 조선토지조사회에서 펴낸 것으로 보아 병합 직후 한국의 토지조사를 하기 위한 기초자료로 만들었으며, 기존 자료를 보고 재편찬한 것으로 생각된다.

지도상에서 간도는 중국령에 속하는 것으로 표기하고 있다. 울릉도는 舊 松島라 표기하여 지도상에 표시해 놓았으나, 독도에 대한 표시는 아예 되어 있지 않다. 병합 이후 일본정부 차원에서 독도를 한국영토에서 의도적으로 제외시켜 나가는 입장을 반영한 결과로 보인다. 울릉도의 경우 송도라고 불리던 별칭에서 울릉도라는 원래의 한국지명 이름을 되찾아 나가고 있는 과정으로 볼 수 있다.

22. 日本之朝鮮, 有樂社, 1911

이 책은 日鮮 양국이 一家를 이루어 양국 국민이 동포가 된 것이라는 인식 아래 한국병합을 병탄이라 하지 않는다는 점을 강조하고 있다. 또한 한일 양국이 일가가 되었으므로 일본의 한 지방으로서 조선을 소개해야 할 필요성이 있기 때문에 책을 편찬한 것이라고 밝히고 있다. 책에서는 일본이 유구, 대만과 더불어 조선을 영위하게 된 상황 속에서 각 이민족들의 문화사정을 잘 알아야 함을 강조하고 있다. 특히 일본과 가장 가까운 곳에 위치한 조선에 대한 이해는 매우 중요하다고 보고 있다.

일본은 기본적으로 대만과 유구 외에는 수적으로나 질적으로 열등한 지위에 있는 종족을 동화와 친화정책을 써서 보호해야 한다고 보고 있다. 그런데 조선인은 체력으로나 智力으로나 우등한 소질을 가지고 있어 열등한 종족을 대하는 것과 동일한 논리로 접근하기는 어렵다고 보았다. 다만 수적으로 일본인의 3분의 1에 달하는 조선과 병합을 하게 됨으로써 양민족이 한 국민이 되어 일본제국의 국운을 원활하게 진전시키는데 난관이 있는 것으로 파악하였다. 따라서 양 민족이 교제와 친목의 정을 고양시켜야만 일가를 이룰 수 있다고 판단하였다. 때문에 조선의 역사와 지리·사회·人事의 모든 부분을 편찬·발행하여 조선을 이해하는 자료로 삼으려 하였다.

책은 천황폐하 御眞影, 御製, 황후폐하 御眞影, 御歌, 詔書 및 구한국 황제의 勅諭, 題字, 메카다(目賀田) 남작의 서문 등 전체적으로 조선과 관련된 사진으로 구성되어 있다. 또한 경운궁의 李王 전하를 비롯한 王家, 王家行事, 구 한국내각 각 대신을 비롯한 조선 名士, 도시와 풍경, 산업, 풍속, 회고, 읽을거리 등에 대한 사진과 서술이 주를 이루고 있다. 부록으로 조선현세지도와 이완용이 쓴 시문이 목차상에 드러나 있지만, 이 부분이 누락되어 있어 조선의 지도를 어떻게 표현해 놓았는지는 알 수 없는 실정이다.

조선의 지리와 역사에 대해서는 뒷부분의 '읽을거리' 부분에 짧게 다루어져 있는데, 그 가운데 조선의 강역에 관한 부분이 기술되어 있다. 동쪽으로는 일본해에 임하고, 북쪽으로는 장백산맥과 압록강, 두만강의 일부가 만주와 러시아 우수리와 경계를 짓고 있는 것으로 기록되어 있다. 여타의 역사·지리서에서 보이는 것과 마찬가지로 동해를 일본해로, 두만강을 그 지명 그대로 두만강이라 서술할 뿐, 영역과 관련한 별도의 해석이나 내용은 보이지 않는다.

23. 朝鮮商品と地理, 納富由三, 日本電報通信社京城支局, 1912

일본전보통신사 경성지국원인 저자가 식민지 조선에 투자하는 일본 내 실업가들을 위해 조선의 지리와 각종 생산품을 연구하여 자료로 제공해 주기 위해 서술한 책이다. 일본 실업인들은 이렇게 제공되는 정보와 자료를 바탕으로 조선 내에서 투자할 사업을 선정하고 기업을 일으키는 기회로 활용해 나갔다.

책의 전체적인 구성은 조선의 위치·면적·인구·지세 등의 내용을 담은 자연지리적인 내용과 경기도, 충청남·북도, 전라남·북도 등 전국 13도의 地方誌, 교통운수, 재정과 금융, 국내 상업, 외국무역, 농·수·공·임·광산물을 비롯한 조선의 산업들을 주로 다루고 있다.

지방지 가운데 경상남도를 서술하면서 울릉도를 소개하고 있다. 책의 발간년도는 1912년이다. 당시는 울릉도가 강원도에 속해 있다가 1906년 경상남도로 편입된 후 1914년에 경상북도로 편입되어 나가기 전이다. 책에서는 이러한 변화를 정확하게 반영하고 있다. 울릉도 지방에 대한 소개를 보면, "울릉도는 강원도의 동방 40리, 부산에서 180리 거리의 해상으로서 정확히 조선의 최동단을 획정하는 절해고도이다"라고 서술되어 있다.

따라서 이 책에서는 울릉도를 최동단으로 인식하고 있었음을 알 수 있다. 독도에 대한 언급과 서술은 1905년 시마네현으로의 편입 이후 일본정부의 방침에 따라 의도적으로 제외되어 있는 것으로 보인다. 또한 울릉도를 송도로 달리 명명하고 있었던 사실도 언급되어 있다. 울릉도는 '왜구의 근거지'로도 알려져 있었다고 하니 이미 이 시기 이전부터 왜구의 무상출입이 빈번했던 역사적 사실을 반영한 것으로 볼 수 있다.

함경북도를 서술하면서는 국경에 대해 서쪽으로는 압록강이 만주와 경계를 획정하고, 동쪽으로는 두만강이 간도와 러시아 우수리의 경계를 이

룬다고 되어 있다. 따라서 간도는 명백히 한국령이 아닌 것으로 이해하고
있었음을 보여준다.

24. 參考中等日本歷史地図, 藤田明, 宝文館, 1912

이 책은 중등정도의 학교에서 일본역사를 가르칠 때 참고용으로 활용
하기 위해 출간된 것이다. 이는 동일한 저자가 쓴『중등일본역사부도』에
서의 부족한 점을 보완하기 위해 편찬되었다. 책은 일본역사를 지도로 나
타낸 것이어서 '지리부도'나 '역사부도'와 같은 성격의 것이다.

이 가운데 조선과 관련된 내용의 지도를 보면 삼국 이전의 한반도와 신
공황후 삼한정벌도, 임나 및 삼국시대의 한반도도, 발해조선지방 요지도,
풍신수길 조선정벌도, 한국병합 후 일본제국영역지도 정도이다.

각 지도에서는 지금까지 국경선으로 인식되어온 두만강과 압록강을 분
기점으로 한 만주 및 청국과의 경계가 그대로 반영되어 있다. 그러나 전
체적으로 간략하게 나타낸 지도이다 보니 도서지역에 대한 그림은 생략
되어 있다. 따라서 울릉도와 독도 등은 아예 표기되어 있지 않다.

25. 最新系統地理, 守屋荒美雄, 杉本光文館, 1912

이 책은 고등여학교 교수요목에 기초하여 기획된 것이다. 고등여학교
나 동일한 정도의 여학교에서 지리과 교재로 활용하기 위해 편찬되었다.
목차를 통해 책의 구성을 살펴보면 서언에서는 위치와 경역을 설명하
고 있고, 제1편 지방지에서는 일본을 크게 관동지방, 오우지방, 중부지방,
근기지방, 중국지방 및 四國지방, 구주지방, 대만지방, 북해도지방, 남화
태지방, 조선지방 등 10개 권역으로 구분하여 각 지방의 자연지리와 인문

지리에 대해 서술하였다. 다음으로 제2편 총설에서는 일본국 전체의 자연 지리와 인문지리에 대해 서술하였다. 마지막으로 결론 부분에서는 '지리 상으로 본 우리들의 다행다복'이라는 제목을 통해 지리적으로 천혜의 요 지로서의 일본을 강조하고 있다.

조선의 국경 부분에 대한 설명을 보면, 조선은 북으로는 압록과 도문 두 강이 있어서 청국의 만주와 노령의 연해주와 경계를 이룬다고 되어 있 다. 두만강을 도문이라 표기함으로써 중국 측 표기법을 따르고 있는 점이 눈에 띈다. 조선의 정치에 대해서는 "명치 초년부터 조선은 일·청의 세력 경쟁지가 되고, 일·러의 정쟁지로 화하여, 지금은 드디어 제국의 영토로 되었다"라고 서술하였다. 침략에 따른 구체적인 내용은 대폭 생략되어 있 는 상태이다.

26. 最新朝鮮地誌, 日韓書房 編輯部, 1912

경성에 있던 日韓書房의 편집부에서 上田駿一郎의 교열 하에 편찬한 조선에 대한 지리서이다. 종래 조선지리서는 일본지리 가운데 附記하거 나 혹은 만주지리에 포함시켜 서술하고, 단행본으로는 없었다. 더욱이 경 우에 따라서는 방만하게 구성하거나, 간략하게, 혹은 총괄적으로, 때로는 부분에 편중되어 대강의 요체만을 파악할 수 있는 책들이 대부분이었다. 때문에 이러한 폐단을 보완하여 새로 펴낸 책이 『조선지지』라는 것이다.

책에서는 한국의 위치·경계·산맥·하천·嶋嶼를 비롯한 자연지리와 주 민·호구·풍속·위생·교육·종교·정치 등의 인문지리 및 각도의 지리, 일본 인의 집단 거주지 등을 별도로 조사하여 서술하고 있다. 따라서 한국에 대한 부분적인 자료조사로만 그치지 않고 이를 분야별로 세분하여 한국 의 지리적인 면을 깊이 있게 알고 연구해 나가는데 도움이 되는 전문 지리서라 할 수 있다.

조선의 국경 및 변경과 관련한 기록을 보면, 울릉도 東端 동경 130도 54분을 극동지역으로 서술하고 있다. 독도가 동경 131도 52분 10초의 위치에 놓여있는 것을 상기하면, 한국의 극동지역은 독도가 되어야 함에도 이에 대한 분석과 서술이 결여되어 있는 것이다. 또한 "동쪽으로는 일본해를 사이에 두고 일본과 마주보고 있다…조선의 동쪽 및 북쪽은 두만강으로서 대부분 만주의 길림성에, 일부분은 러시아 연해주에 인접해 있다. 남쪽으로는 조선해와 만나고 대마도와 수로 30여 리 정도 밖에 떨어져 있지 않아 날씨가 좋은 날에는 서로 바라볼 수 있을 정도"라고 기록되어 있다. 이처럼 일본 내에서는 동해를 일본해로 보는 시각이 절대적이다.

조선의 산맥과 하천을 소개하는 장에서는 두만강을 圖們江이라고도 한다고 서술하였다. 나아가 "두만강은 만주와 조선의 경계 위를 흐르는 부분은 별도로 魚潤江이라고 부르는데, 이 때문에 청나라 사람들이 송화강 상류의 土門江을 도문강과 혼동하는 것은 잘못된 것이라는 점을 알아야 한다. 간도문제는 이 점과 관련하여 양국이 견해를 달리하는 데서 기인하는 것"으로 보았다. 이 책에서는 곧 백두산정계비에서 가리키는 토문강이 두만강이 아니라 송화강 상류라고 인식하고 있다. 직접적인 언급은 없지만 그에 따라 간도는 조선의 영토에 해당되는 것으로 파악하고 있었음을 알 수 있다.

또한 일본해상 즉 동해상에 떠있는 섬들을 언급하면서 울릉도를 소개하고 있으며, 울릉도는 일본인들이 松島로 칭하는 섬이라고 하였다. 이어서 울릉도의 지리적 위치와 성인봉 등을 소개하고 있다. 울릉도 부근에 일본해전으로 유명하게 된 리앙쿠르도가 있는 것으로 서술하였다. 이처럼 리앙쿠르도, 즉 독도가 어느 나라에 귀속되는지에 대한 언급은 없이 애매모호하게 기술하고 있다. 그러나 조선의 산하를 서술하면서 독도를 언급하고 있고, 울릉도의 부속도서로 파악하고 있는 것으로 보아 이 책에서는 독도를 한국의 영토에 속하는 섬으로 인식하고 있었다고 볼 수 있다.

27. 朝鮮近世史, 林泰輔, 吉川弘文館, 1912

상·하 두 권으로 구성되어 있는 조선근세역사에 대한 서술이다. 저자 林泰輔가 쓴 또 다른 역사서인 『조선통사』는 한일병합 이후 일제시기를 거치면서 일본인들이 조선의 역사를 이해하고 가르치는데 교과서적인 역할을 하였다. 『조선근세사』는 제목만 근세사일 뿐 태조·세종·세조 등 조선의 기반을 닦은 대표적인 군왕들의 업적을 다루었고, 임진왜란이 일어난 시기까지를 대상으로 하여 상권의 내용을 구성하였다. 하권은 조선시대 당쟁과 외척의 발호정치, 서구제국과 청일의 관계를 간략하게 소개, 정리하고 있어 조선의 근세사라 하기에는 내용이 무척 소략한 편이다.

상권에 표시되어 있는 '朝鮮國全圖'를 보면 동해상에 울릉도만 표시되어 있고, 독도는 아예 나타내지 않은 상태이다. 독도에 대해 중요하게 인식하지 못한 결과로 보인다. 울릉도의 위치도 정확하게 나타나 있지 않다. 동경 130도도 훨씬 못 미치게 표시하고 있어 지도상의 위치가 올바르지 않음을 알 수 있다. 당시는 일본 내부적으로도 경위도상의 울릉도와 독도의 위치가 정확하게 정의되지 못하였던 것으로 보인다. 이 시기 여러 종류의 책자를 통해 볼 때 양 섬에 대한 경위도상의 위치가 통일되지 않고 다양하게 언급되고 있는 것이 그 증거이다. 북쪽의 국경선은 두만강과 압록강을 경계로 하고 있고 지도상에 만주는 표시되었으나, 간도는 되어 있지 않다. 이 땅은 청국령으로 나타내고 있다.

28. 朝鮮歷史地理, 津田左右吉, 丸善株式會社, 1913

일본과 조선은 옛날부터 밀접한 관계를 가지고 있었다. 나라도 인접해 있고 언어와 문자를 해석하는 것 또한 쉬워서 일본인들은 조선과 조선인에 대해 큰 관심을 가져왔다. 그러나 이러한 관심에 비해 조선에 대한 지식은 지극히 빈약하였다. 학계에서도 조선에 관한 역사적 연구는 초보단계이다. 형세가 바뀌어 조선반도는 일본에 병합되었고, 과거 및 현재의 사정에 관해 일본인들은 더욱 정밀하고 세밀한 지식을 요구하는 상태이다. 이 책은 이러한 일본사회의 변화를 설명하면서 이에 발맞추어 편찬하였다고 밝히고 있다.

책은 제1권과 제2권 등 모두 두 권으로 구성되어 있으나, 조선의 역사는 소략되어 있다. 대신 삼국시대 지리와 관련하여 고려조까지의 역사적 변천은 세밀하게 언급해 놓았다. 책의 부록으로 비교적 상세한 지도가 있으며, 북부조선과 간도의 지리가 서술되어 있다. 두만강을 경계로 하는 조선의 북쪽 변경지방과 만주일대를 상세한 권역으로 구분하면서 지명을 표기하였다. 지도상에 나타난 간도지방은 중국의 영토에 속하는 것으로 되어 있다.

책의 말미에는 여러 종류의 지도를 담은 부도가 부록으로 구성되어 있다. 그 내용을 보면 동해를 일본해라 표기하는 것은 이 책에서도 마찬가지이다. 울릉도는 나타내고 있으나, 독도는 지도상에 아예 나타내지 않았다. 울릉도의 경우, 송도나 다른 별칭으로 표기하던 데서 이제는 울릉도라는 지명만으로 표기하고 있다. 더 이상 별칭을 쓰지 않아도 울릉도와 독도를 혼돈하지는 않게 된 것으로 보인다. 따라서 울릉도에 대한 정확한 인식은 부가적으로 독도에 대해서도 뚜렷한 인식을 하고 있었던 것으로 유추할 수 있는 근거가 된다. 그럼에도 독도를 표기하지 않은 것은 정책적 차원의 의도가 작용한 것으로 보인다.

29. 地理的日本歷史, 吉田東伍, 南北社, 1914

지형은 시간이 지나면 변화하는 것이어서 오늘날의 지형을 가지고 과거를 직접적으로 판단하는 것은 불가능하다. 그러나 고문서나 고서를 통해 옛날의 지형을 머리로 생각하고 판단하는 것은 가능해진다. 역사와 지리는 이런 점에서 상호 호응되는 측면이 있다. 이 책은 지리학을 통해 역사 사실에 대해 설명하는 방식을 시험적으로 시도해 보았다. 따라서 역사적 사실을 설명하면서 지리적인 요소를 곁들여 서술함으로써 이해의 폭을 넓히는 방식을 취하고 있다.

책은 전체적으로 일본의 고대사부터 시작하여 德川幕府의 몰락까지를 다루었고 전체 61장으로 구성되어 있다. 그 가운데 한국과의 관계는 '삼한과 우리국토'라는 장에서 서술되고 있다. 근대 이전까지만 다루고 있어 병합 후의 역사인식은 파악할 수 없다. 1914년에 복간된 책이면서도 병합 후 일본에 편입된 한국의 역사까지는 다루지 않았던 것이다. '任那及三國'이라고 명명된 지도에서는 제주를 '탐라'로, 가야지역일대를 '임나'로, 울릉도를 '于?間島'로 표시하고 있다. 울릉도 지명은 지도상에서의 글자가 너무 작아 잘 보이지 않는다. 총 네 글자이면서 우산도는 아닌 것으로 나타나고 있다. 판독이 되지 않아 정확히 알 수 없으나 우산도가 아닌, 다른 별칭으로 울릉도를 명명했던 것으로 보인다.

지도상에서 고구려의 경계선이 평양 위쪽에 있고, 신라가 한강 이북을 차지하고 있으며, 가야가 존재하고 있었던 것으로 보아 신라의 진흥왕대인 6세기 중엽 이후의 지도로 추측된다. 가야를 '임나'로 표기한 것도 하나의 특징이다. 한국에서는 가야를 임나로 서술하는 역사서나 지도가 거의 없다. 반면에 일본에서는 거의 모든 역사서에서 임나라는 명칭을 사용하고 있다.

30. 日本地理教科書(1-2), 朝鮮總督府, 1914~1923

1914년에 출판한 일본지리교과서를 訂正한 것이다. 고등보통학교의 지리과목 중에서 일본국 지리교과서를 편찬한 것이다. 특히 조선지방을 비교적 세밀하게 서술하고 삽화도 곁들여 교수학습에 편의를 제공하였다. 총 2권 구성으로, 본 책 외에 부록 한 권에는 지도자료가 풍부하게 첨부되어 있어 본서와 별책부록을 상호 대조하여 보기에 편하다. 1914년에 1차로 지리부도와 지리교과서를 발간하고, 1923년에 2차로 지리교과서를 정정한 것으로 보인다.

1권에서는 총론과 더불어 일본을 관동지방, 오우지방, 중부지방, 근기지방, 중국지방, 사국지방, 구주지방, 대만지방, 북해도지방, 화태지방, 관동주 및 남만주 등 11개 지역으로 구분하여 서술하였다. 조선에 대해서는 별도의 총설과 더불어 북부조선, 중부조선, 남부조선으로 나누어 상술하였다.

조선에 대한 총설 부분에서 조선의 북쪽 국경을 서술하였는데, "장백산맥 및 압록강과 두만강으로써 만주와 경계를 이루고 두만강의 하류가 노령 연해주와 연이어 있다"고 보았다. "동쪽으로는 일본과 일본해를 사이에 두고 있다"고 하여 동해가 아닌 일본해로 서술하였음을 볼 수 있다.

동해상에서 가장 멀리 있는 큰 섬으로는 영일만의 동북쪽에 당당히 있는 울릉도뿐이라고 하였다. 이어서 경상북도에 속한 島嶼를 서술하면서 '부산에서 173리 떨어진' 울릉도를 유일하게 소개하고 있다. 이곳의 도동 항구와 수산물이 풍부하다는 점을 언급한 반면, 독도에 대한 서술은 전혀 없다. 그러나 부록으로 나온 附圖에서는 죽도 및 울도가 함께 기재되어 있다. 울도는 울릉도에 표시되어 있고, 죽도는 별도로 표기되어 있으며 양 섬 모두 경상북도에 속한 것으로 나타내고 있다. 이 때 죽도는 울릉도의 별칭으로서가 아니라 독도를 나타내면서 표기한 것이다. 이를 통해 울릉도와 독도를 구분해서 인식하고 있었으며, 독도 또한 조선의 영토로 간주하고 있었음을 알 수 있다.

31. 新地理日本(中学用), 小林房太郎, 文学社, 1915

이 책은 중학교 및 그에 준하는 여러 학교의 일본지리 교과용으로 보충하기 위해 편찬된 것이다. 최근의 학설과 최신의 사실을 기초로 하여 내용을 정선하였다. 또한 문장도 간략하게 함으로써 교수자가 이를 활용하기 쉽게 만들었다는 점을 내세우고 있다. 또한 역사와의 연관성을 고려하여 자연과 인문이 잘 조화되도록 구성하였다는 점도 간행사에서 언급하고 있다.

책은 문부성에서 發布한 중학교 교수세목에 따라 제1편 서론, 제2편 지방지, 제3편 총괄의 세 부분으로 구성되었다. 제1편에서는 일본제국의 위치, 면적을 설명하고 있고 제2편에서는 전국을 11지방 즉, 관동지방, 오우지방, 본주 중부지방, 근기지방, 중국지방, 四國지방, 구주지방, 대만지방, 북해도지방, 화태지방, 조선지방 등으로 나누고 이 지방들을 자세히 설명하였다. 제3편에서는 일본의 자연과 인문 즉, 지세, 근해, 기후 및 천산물, 생업, 주민, 정치, 교육, 신사, 종교, 교통 등에 관한 총괄적인 내용들을 설명하고 있다.

이 가운데 조선은 일본열도와 대만, 화태(사할린)지방 등을 모두 소개한 뒤에 장이 편성되고 있다. 국경에 대한 서술로는 북쪽으로는 압록강과 도문강으로써 청국의 만주 및 노령의 연해주와 경계를 이룬다고 보았다. 동해 또한 일본해로 표기하고 있다. "일본해면에서 영홍만으로 깊이 들어가면 먼 해상에 울릉도(송도)가 떠 있다"라고 하여 울릉도를 송도로 명명하고 있음을 볼 수 있다. 독도에 대한 언급은 아예 하고 있지 않다. 울릉도를 죽도로 명명했다가 송도라 표기하는 시기 또한 책마다 달리 반영되고, 서술되어 있어 일정하지 않은 모습이 보인다.

32. 間島事情, 東洋拓殖株式会社 京城支店, 1918

동양척식주식회사에서 간도를 소개하기 위해 편찬한 것으로서 간도의 역사, 지리, 정치, 경제, 산업, 교육, 종교, 위생 등의 각 방면의 정보를 수집하여 소개하고 있는 것이 특징이다. 그 중에서도 특히 경제 및 산업분야에 대해 중점적으로 서술하였다. 이 책이 대상으로 하는 지역은 구체적으로 통상 간도라 칭해 왔던 동간도 동부지역이다. 그 외에 汪淸縣, 太平嶺 동쪽지역인 和龍縣, 延吉縣, 汪淸縣 세 곳의 정보도 함께 수록하고 있다. 전체적으로 간도문제의 경과를 집중적으로 설명하고 있다. 1909년의 간도협약에서 정해졌던 양국 국경의 기점에 대해서도 구체적으로 서술하고 있다.

전체적인 책의 내용은 간도의 역사·지리적 관계, 이주와 생활 상태, 호구 및 시읍, 교통 및 운수, 농업과 상업을 비롯한 산업 일반, 지질 및 광산, 도량형, 금융 및 경제, 교육, 종교, 위생, 일본관서 및 공공단체, 지나관공서 및 공공단체, 지나의 군사, 고적 등으로 구성되어 있다.

간도분쟁과 관련된 서술은 제1장 간도의 역사적 관계에서 '간도와 淸韓 양국의 관계'라는 절을 따로 구성하여 설명하고 있다. 그에 따르면, 1712년 백두산정계비를 세운 후 2년 뒤 慶源 및 訓戎의 對岸에 청인이 가옥을 짓는 자가 생기게 되자 조선은 북경정부에 보고하였고, 청조는 이들을 철거시켰다. 그 후 청국도 圖們江 동북지역에 사적으로 개간작업을 하던 조선인을 즉시 쇄환시킬 것을 조선 측에 요구하였다. 조선에서는 동북경략사 어윤중을 보내 경원 너머에 있던 개간 이주민들의 호소를 듣고 먼저 백두산정계비문의 내용을 조사하였다. 비문 속의 土門의 원류를 궁구한 후 종성부사로 하여금 돈화현에 圖們과 土門의 차이를 설명하게 하였다. 즉, "토문은 北流로서 松花江에 합류하는 것이지 도문강에는 합류되는 것이 아니며, 이에 쇄환할 유민은 토문강 밖의 越墾者로서 도문강 밖의 사람은 해당되지 않는다"고 주장하였던 것이다. 한·청 양국의 견해차는 좁혀지지 않았고, 이때부터 간도문제가 시작되었다고 서술하였다.

이후 조선은 간도문제를 해결하고자 명치 32년(1899년) 사계위원을 정하고 토문강과 도문강의 관계를 명확하게 함으로써 문제제기의 재료를 마련하도록 하였다. 마침 1900년 북청사변이 일어나자 한국은 이범윤을 파견하여 간도를 관할하도록 하였다. 그 후 러일전쟁이 일어나고 러시아가 간도지역으로 진출하여 이 지역을 관리하게 되면서 한·청 양국 간의 분쟁은 정지되었다. 러시아가 전쟁에 패망하고, 일본이 조선과 보호조약을 체결하여 그 외교권을 빼앗은 후, 일본은 간도지역에 통감부 임시간도파출소를 세워 이곳을 대신 관리하게 되었다.

간도는 한·청 양국간의 영토분쟁에다 러시아 등이 이 지역과 국경을 마주하고 있고, 열국의 이해관계가 첨예하게 얽히는 곳이어서 분쟁의 소지가 있는 곳이다. 결국 일본은 1909년 북경에서 간도협약을 체결하고 "圖們江을 한·청 양국의 국경으로 할 것을 결정하였고, 강의 발원지방은 定界碑에서 石乙水를 경계로 하고, 龍井村·局子街·頭道溝·百草溝를 외국인 거주지로 개방할 것"을 결정함으로써 간도문제는 원만히 해결된 것으로 서술하였다. 이를 통해 일본은 간도문제의 중재자로서 양국 간의 영

토분쟁을 종식시킨 차원에서 자국의 역할을 부각시켰다. 정치적·경제적
이득을 위해 간도를 중국에 양여한 사실에 대해서는 크게 의미부여를 하
지 않는 자세로 일관하였던 것이다. 또한 이 책에서는 간도가 실질적으로
어느 나라 소유의 땅인지에 대한 명확한 해석은 피해가고 있다.

33. 最新朝鮮地誌, 朝鮮及滿洲社, 1918

朝鮮及滿洲社의 편집부에서 1918년에 발간한 지리서이다. 책의 서언을
통해 조선의 지리서에 관한 출판물의 수효는 지극히 미미한 상태로서 병
합 이전의 출판물은 한 두 종에 불과하고, 병합 이후에는 조선을 알고자
하는 사회적 욕구는 많아졌으나 참고자료가 많지 않아 한국을 가르치는
데 어려움이 많음을 밝히고 있다. 특히 일본내지의 학교에서의 어려움은
말로 표현하기 어려운 실정이기 때문에 본 지리서를 발간하여 사회적 요
구에 부응하기로 하였으며, 일선학교의 교과서로 활용할 목적으로 저술
하였다고 한다.

책은 전체 상, 중, 하 세권으로 구성되었다. 상권에는 조선의 위치, 경
계, 지세, 산맥, 河流, 기후, 동식물 및 광물 등의 자연지리적인 요소와 조
선의 연혁, 민족, 호구, 언어문자, 풍속습관, 학예미술, 종교, 교육, 위생,
행정, 재정, 교통 등 인문지리적인 요소에 대한 전반적인 상황을 기록하
였다. 중권에는 경상남도, 경상북도, 전라남도, 전라북도, 충청남도, 충청
북도, 강원도의 각 도지를 서술하였다. 하권에는 경기도, 황해도, 평안남
도, 평안북도, 함경남도, 함경북도 등 각 도의 지리적 위치와 면적, 역사적
인 변천 등을 상세히 기록하고 있다.

특히 책의 마지막 부록에서는 간도를 다루고 있다. 그 내용에 따르면
"간도는 예전부터 청과 한국 어느 나라의 땅인지 미결정된 곳이었다. 청

은 자기네 땅이라고 여겨 그곳에 살던 한국인들을 억압하였고, 간도지역의 한국인들은 조선정부에 보호를 요청하기도 하였다. 명치 42년(1909)에 청이 많은 군대를 간도에 파견하여 일본이 단호히 한국의 땅임을 역설하여 위기를 모면하였다. 일청협약의 결과 도문강으로서 淸韓 양국의 국경을 삼고 강원지방은 장백산의 정계비부터 石乙水를 경계로 龍井村, 局子街, 頭道溝, 百草溝를 외국인의 거주지로 개방하여 일본은 이들 땅에 영사관의 분관을 설치함으로써 다년간 풀리지 않던 간도문제가 해결되게 되었다"라고 기술하였다. 나아가 일제는 1909년 10월 27일 통감부 임시간도파출소를 폐쇄하고 제국총영사관을 개관하여 오늘에 이른 것으로 서술하였다.

이를 보면 이 책에서는 간도를 둘러싼 한청간의 분쟁을 서술하면서 간도의 귀속문제가 난관에 처했으나, 마치 일본의 적극적인 관여로 간도를 조선의 영토로 확정지어 주었다는 식의 시혜자적 입장에서 역사를 기술하고 있다. 그러나 1905년 한국의 외교권을 박탈한 일본은 1907년 간도에 조선통감부 간도파출소를 설치하고 이 지역을 관리해 오다가, 1909년 청일간 간도협약을 통해 간도지방의 영유권을 청국에 넘겨버렸던 것이다. 이에 대한 상세한 서술 없이 제국총영사관을 개관함과 동시에 통감부 임시파출소를 폐쇄해 버렸다는 식으로 자국에 유리한 서술로만 일관하고 있다. 또한 두만강을 도문강으로 서술하여 중국식 표기를 따르고 있음을 보여준다.

각 도 지지를 소개하는 중권의 경상북도 울릉도 부분에서는 울릉도가 "조선의 최동단에 있는 섬"이라고 서술하는 등, 독도와 관련한 내용은 아예 제외시키고 있다. 이는 그 이전에 발간된 역사서와 지리서에서 보이던 독도에 대한 표기나 서술과는 대비되게 독도를 한국령으로 인정하지 않으려는 일본의 의도적인 자세가 엿보이는 부분이라 할 수 있다.

34. 朝鮮地誌資料, 朝鮮總督府臨時土地調査局, 1919

이 책은 조선총독부 임시토지조사국이 조사·편찬한 조선관련 지리자료이다. 책을 편찬한 의도는 "토지조사사업을 하기 위해 만든 보고서와는 별도로 조선의 제반 시설 경영상 조선지지 자료를 이용하기 위해서"였다. 그에 따라 조선 토지조사사업 보고서와 분리하여 조선지지와 관련한 각종 통계를 묶어 간행한 것이다.

책의 구성을 보면 조선의 면적과 육지·도서·변경의 경위도를 소개한 大勢, 행정구역, 하천, 湖池, 산악, 해안선, 도서, 경제 등에 대한 부분의 자료조사와 표로 이루어져 있다. 각종 도표를 통해 특기할 사항은 이 책에서는 독도를 명백하게 한국령으로 인식하고 서술하고 있다는 점이다. 이는 이 책을 총괄적으로 지휘하여 편찬해낸 조선총독부의 인식과 태도를 나타내는 것이라 볼 수 있다.

그 대표적인 표기를 보면 '조선반도 極端經緯度'를 나타내는 도표에서 극동지역을 경상북도 울릉도 죽도라고 명백히 표현하고 있다. 경위도는 동경 130도 56분 23초로 되어 있다. 이는 동경 131도 52분 10초의 위치에 있는 것으로 알려진 독도의 경위도와 거의 유사하다. 또한 도서의 위치와 명칭 및 면적을 나타내는 도표에서는 울릉도와 죽도를 모두 경상북도에 포함시키고 있으며, 죽도는 울릉도의 남단에 위치한 섬으로 나타내고 있다. 이를 통해 일본은 독도를 울릉도와는 다른 섬으로서 분명하게 인식하고 있었으며, 또한 한국령으로 파악하고 있었던 사실도 알 수 있다.

35. 朝鮮各道府面間里程圖, 朝鮮總督府, 1920

육로와 수로의 里程을 조사한 조선 지역별 지도이다. 각 도의 부면간

거리와 도로의 실제 상황, 인접한 부면간의 거리를 지도로 나타냈다. 별책으로 이정표도 있다. 이 지도는 조선내지를 여행하고 조사하기 위한 기초자료로 활용하기 위해 조선총독부에서 만들었다.

지도에 나타나있는 국경과 영토인식을 살펴보면 울릉도는 울도군에 속하는 것으로 구분하였다. 독도는 울릉도에 붙어있는 섬으로 나타내는 한편, 죽도라 명기하였다. 독도와 울릉도를 서로 구분하여 별도로 죽도라 명기한 것으로 보아 명백히 서로 다른 섬으로 인식하고 있었음을 알 수 있다. 울릉도의 별칭인 송도를 더 이상 기재하지 않은 것도 양 섬을 구분할 수 있게 되었기 때문일 것이다. 이는 독도를 굳이 별도의 섬으로 나타내지 않고 울릉도만 묘사하던 데서 상당히 달라진 태도라 할 수 있다. 나아가 이는 곧 일본이 독도를 한국령으로 인식하고 있었음을 의미한다. 함경북도를 나타낸 부분을 주목하면 두만강과 압록강 이북지역에 간도를 설정한 것으로 보아 간도는 곧 중국영토로 인식되고 있었음을 알 수 있다.

36. (郡面界里程入)朝鮮大地圖, 十字屋, 巖樞堂, 1921

大阪 십자옥에서 편찬한 조선전도이다. 두만강과 압록강을 경계로 그 이북지역을 간도와 만주로 표시함으로써 이 지역을 명백하게 중국영토로 나타냈다. 또한 울릉도와 독도를 동해상에 표시하였으나 울릉도만 지명을 표기하였을 뿐, 독도는 울릉도의 부속도서로서 그림만 그려 넣었다. 이처럼 일본이 제작한 이 시기의 지도에서는 독도를 울릉도 옆에 당당히 위치지운 상태에서 죽도라 이름붙인 것이 있는가 하면, 아예 독도 표시를 하지 않은 지도도 있다. 그 외 표시는 하였으나 죽도라 명명하지 않은 지도도 있는 등 매우 다양하게 나타난다. 독도를 바라보는 일본정부의 일관된 방침과 의식이 부재했음을 드러내는 부분이라 할 수 있다.

1904년 러일전쟁 발발 당시 동해상이 전략지점으로 중요하게 떠오르자, 일본은 동해안의 죽변만을 비롯한 몇 개 전략지역에 무선전신을 가진 가설망루를 설치하였다. 이어서 죽변과 울릉도 사이에는 해저전선을 부설하기도 하였다. 지도에서는 죽변만과 울릉도를 점선으로 연결하고 '71'이라는 숫자를 표기하고 있다. 이는 죽변만과 울릉도까지의 거리를 71마일로 보고 이를 지도상에 나타냈던 것으로 보인다. 동해를 일본의 바다로 만들어 해양세력으로서 발돋움하기 위한 발판으로 활용하려한 의도를 엿볼 수 있다. 그런 점에서 독도 역시 활용가치가 뛰어난, 무시할 수 없는 섬이지만 본 지도에서는 울릉도의 연장선상에서만 바라보고 있다.

37. 長白山より見たる朝鮮及朝鮮人, 杉慕南, 同舟會, 1922

저자가 판단하기에 조선인이 쓴 역사서는 한문으로 되어 있어 이해하기 힘들며, 조선인의 시각으로 쓰였기 때문에 보편적으로 읽을 만하지 않아 조선역사관련 서적을 저술하게 되었다고 하였다. 나아가 內鮮人이 一家를 이룬 오늘날 내선인의 양해와 화합은 먼저 역사부터 이해하는데 있는 것으로 보았다. 또한 조선인들은 그들의 4천년 역사를 낙동강, 한강, 대동강을 중심으로 전개되어 왔다고 과시하지만, 이는 편견에 빠지는 어리석음을 범하기 쉽다고 하였다. 조선의 역사는 반드시 장백산(백두산)을 중심으로 바라보아야 하며, 이 책의 목적 또한 장백산을 중심으로 한 4천년의 조선사를 간명하게 그려내는데 있다고 하였다. 저자는 장백산이야말로 조선과 조선인의 지리역사상, 인종상, 정치상으로 밀접한 관계가 있는 중심지라는 것이다.

책의 구성은 조선의 역사를 시간 순으로 배치하고 있으며, 역사적으로 중요한 사실 및 인물들에 대한 평론을 해 나가면서 조선인들의 사유양태를 설명하는 방식을 취하고 있다. 일반인을 위한 개설서이기 때문에 간도 및 독도 영유권 분쟁과 관련된 직접적인 언급은 없다. 기타 조선사의 범주를 두만강 및 압록강 이남으로 보고 있어 간도가 중국사의 영역에 속하는 것으로 파악하였음을 알 수 있다.

책의 목차는 1. 총설, 2. 고조선과 前三韓, 3. 4국정립과 반도통일, 4. 고려조시대, 5. 이조 오백년, 6. 讀史餘談, 부록-파미르고원에서 본 일본의 위치 등으로 구성되어 있다. 책의 내용을 살펴보면 제1장 총설에서는 조선의 명산과 북만지방의 철도, 압록강유역, 8도의 별칭, 반도의 산맥과 水流, 조선과 韓, 지나와 발해 등 조선과 중국 및 만주지역의 자연지리적 형세를 소개하고 있다. 제2장에서는 고조선과 기자조선, 한사군, 삼한과 일본과의 관계 등의 역사를 서술하였다. 제3장에서는 고구려, 백제, 신라, 발해의 역사를 간단히 정리하였다. 제4장에서는 고려와 거란 및 여진의 관계, 몽고와 왜구의 관계 속에서 고려역사를 살펴보았다. 제5장은 조선시대의 역사로서 태종과 세종의 치적에서 한일병합의 시기까지를 주제별로 서술하였다. 제6장 讀史餘談에서는 단군을 韓族의 조상으로 보는 것과 조선인의 성격을 폭넓게 다루고 있다.

영토 및 국경과 관련한 서술을 보면, 조선의 國界를 언급하면서 장백산의 남면에서 발원한 압록강은 南滿과 반도를 경계 지으면서 남하하여 황해로 들어가고, 두만강은 그 반대로 장백산의 북면에서 발원하여 반도와 北滿의 경계를 이루면서 북쪽으로 흐른다고 보았다. 나아가 동쪽으로는 일본해에 이른다고 하였다. 즉, 장백산맥을 중심으로 두 갈래로 상반되게 흐르는 두만강과 압록강의 두 강에 의해 반도와 만주가 구별된다고 보았던 것이다. 또한 동해를 일본해로 표기하는 것도 이들의 한결같은 서술방식임을 알 수 있다.

38. 朝鮮事情, 朝鮮總督府, 1922~1943

조선총독부에서 발간한 조선관련 서적이다. 책의 목차를 통해 총독부의 시정 연혁 및 조선에 대한 각종 정보위주로 서술되어 있음을 알 수 있다. 내지인의 교육 및 세관, 척식사업 등의 항목이 별도로 구성되어 있는 것을 보면 조선에서 생활하거나 기업활동을 하고 있는 在朝 일본인을 대상으로 편찬된 책이라는 것을 짐작할 수 있다.

책은 전체 11권으로 구성되어 있다. 1922년 발간을 시작으로 매년마다 한 권씩 출간되었다. 제1권에는 조선의 자연지리와 인문지리에 관한 내용 위주로 되어 있다. 조선의 정치, 사회, 제도, 문화와 관련한 부분은 2권부터 서술되어 있다. 현재 국립중앙도서관에는 조선총독부에서 편찬한『조선사정』이 세 권 더 있는 것으로 나타난다. 1936년에 발간된 책과 1943년에 발간된 두 권의 서적이 그것이다. 이 책들은 발행년도만 다를 뿐, 11권 안에 포함되는 서적이다. 총독부로서는 조선의 다양한 면모와 정보를 내지인에게 소개하는 것이 급선무였다. 때문에 면밀한 조사를 거쳐 조선의 모든 분야를 망라하는 시리즈 책을 출간하였던 것이다.

조선의 자연지리와 인문지리를 포괄적으로 담고 있는 제1권의 목차를 살펴보면 조선의 간단한 연혁을 소개하고 있는 제1장 관제, 조선의 지형 및 지세와 기후로 구성되었고, 명승지 등 자연지리를 서술한 제2장 지지로 구성되어 있다. 다음으로 철도와 도로, 항만 등의 내용으로 구성한 제3장 교통, 제4장 통신사업, 제5장 電氣瓦斯事業, 제6장 지방행정, 제7장 구휼, 다음으로 내지인 교육과 조선인 교육을 소개하고 있는 제8장 교육, 제9장 재정 및 경제, 연초와 인삼재배에 대해 서술한 제10장 전매, 제11장 척식사업, 농·상·공·임·광·수산업에 대해 서술하고 있는 제12장 산업, 제13장 무역, 제14장 종교, 제15장 경찰, 제16장 위생, 제17장 사법 등의 내용으로 구성되어 있다.

이 가운데 조선의 지형과 지세를 서술하는 장에서는, "조선은 일본해와 황해 사이에 돌출된 큰 반도"로 묘사하고 있다. 동해를 일본해로 당연하게 표기함으로써 일본에 속한 內海 정도로 인정해 가려는 태도가 엿보인다. 북쪽 경계를 서술하는 부분에서는 압록강과 두만강을 경계로 하여 만주 및 시베리아에 이어진다고 보았다. 한반도의 經緯를 나타내는 부분에서는 동경 124도 11분에서 130도 56분 23초에 이른다고 하였다. 이는 독도가 위치한 동경 131도 52분 10초와 유사한 것으로서, 東端을 독도로 분명하게 파악하고 있었음을 보여준다.

39. 朝鮮一般史, 朝鮮史學會, 1923

조선반도는 한편으로 대륙과 연결되고, 또 다른 한편으로는 일본열도에 가깝게 있어 반도에서 내외적으로 일어난 중요한 사건은 조선 및 일본 상호간에 영향을 미쳐 일파만파 커지게 되는 관계 속에 있다. 따라서 이 책에서는 조선역사를 취급하는데 있어 대륙과 일본의 사료와 긴밀한 관계를 가지며 서술되어야 한다고 본다. 또한 조선의 역사에 대한 연구와 일본사 및 유럽사에 대한 연구를 떼어놓고 진행하기는 어렵다고 보고 있다. 이 책을 서술한 목적도 조선의 현재 비중과 중요성이 날로 커지기 때문에 조선반도의 연혁과 더불어 조선민족의 성립과정을 정확히 연구하기 위해 편찬하게 되었다고 한다.

책은 시기별로 구분하여 일본의 여러 학자들이 분담하여 집필하는 형식을 취하고 있다. 上世史는 조선개창부터 신라통일기까지를 대상으로 小田省吾가, 중세사는 고려시대를 대상으로 萩山秀雄이, 근세사는 조선시대를 대상으로 瀨野馬熊이, 최근세사는 고종의 즉위부터 병합까지를 대상으로 杉本正介가 각각 집필하였다. 따라서 고대부터 한일병합까지의 조선역사 전체를 조망하고 있는 책이라 할 수 있다. 상세사의 '조선개창부터'의 시기는 한반도에서 여러 국가들이 생성되어 나오는 시기를 총괄적으로 아우르는 표현으로 사용된 것이다.

내용에서 국경 및 영토분쟁과 관련하여 주목되는 부분을 보면, 조선반도는 동쪽으로 일본해에 접해 있다고 서술하였다. 동해가 아닌 일본해라는 서술은 이들의 일관된 표기방식이다. 위치를 서술하면서는 조선반도와 대마도와의 간격이 가까운 거리는 십 수리에 불과하다고 하였다. 또한 국토를 가로로 측정했을 때 일직선으로 가장 긴 곳은 270리 정도 되는 것으로 보았다.

나아가 간도문제라는 小節을 별도로 구성하여 간도문제의 시말을 소상하게 기록하고 있다. 여기서는 종래 알려진 내용과 같이 한·청 양국의 논점인 정계비의 내용을 토대로 중국은 현재의 경계에 근거하여 두만강을 토문이라 주장하고, 조선은 토문강을 그 자체로 해석하는 데서 영토분쟁이 일어난다고 해석하였다. 조선 측에 따르면 두만강 지류구역은 물론 서간도 일부까지의 영토가 조선 측에 편입되는 결과를 가져온다고 서술하였다.

이 부분에 대해 간략하게 정리해보면, 한청 양국은 간도를 사이에 두고 충돌을 빚어왔으나 1900년 北淸에 도적이 홍기하게 되자 러시아는 철도보호를 구실로 만주로 출병하여 사실상 간도지역을 점령하였다. 러시아는 간도를 조선 측에 유리하게 인정해주는 대가로 마산조차권을 요구하였다. 이는 곧 불발되었지만 조선은 이범윤을 간도에 특파하여 군대를 조직하고, 조세를 징수하며, 韓民을 보호하기도 함으로써 청을 압박하였다.

그 사이에 러일전쟁이 발발하고 조선이 일본의 보호를 받기 시작하면서 일본의 이토통감은 간도에 파출소를 세워 韓民을 보호하였고, 이 과정에서 간도문제가 다시 불거지면서 청일간 충돌을 빚게 되었다. 이때 일본은 러일전쟁 중 부설했던 安奉鐵道의 개축문제, 撫順烟臺炭抗還附問題 등의 현안을 일본의 주장대로 통과시키는 대신 간도의 영토권을 청에 양여함으로써 간도분쟁은 점차 해결되었다.

이처럼 간도분쟁에 관한 서술을 살펴보면 간도가 어느 나라에 속하는 땅인지에 대한 인식을 불분명하게 드러내고 있다는 점, 한·청간 첨예하게 대립하고 있던 간도영토권을 일본이 현안을 해결하는 수단으로 청에 넘긴 점, 이로써 오랫동안 끌어왔던 간도문제가 해결되었다는 점 등의 일관된 태도로 서술하고 있음을 알 수 있다. 즉 일본은 한·청간 간도영유권 문제를 다루면서 어느 입장에도 서지 않은 채, 양국간의 중재자로서 분쟁을 종식시키는데 큰 역할을 했다는 점만을 강조하면서 사태를 호도하고 있는 편이다.

40. 朝鮮地方全圖, 朝鮮總督府, 1923

조선지방 전체를 나타낸 조선총독부 작성의 지도이다. 한국을 식민지로 경영하면서 조선에 투자하려는 기업인과 여행을 목적으로 하는 여행자들을 위해 철도 등의 교통로를 세밀하게 나타내고 있다.

두만강과 압록강을 경계로 만주와 간도지역과 국경을 이루고 있는 것이 나타나 있고, 간도는 중국령으로 표기되었다. 동해상에는 울릉도의 표시가 되어 있으나 독도는 표시되어 있지 않다.

41. 滿洲及朝鮮之富源と現勢, 東方拓殖協會, 1924

책의 편찬의도와 과정을 알 수 있는 서문이 별도로 존재하지 않는 책이다. 다만 제목을 통해 알 수 있듯이 조선과 만주의 현재 상황을 소개함과 동시에 재부를 창출할 수 있는 분야에 대한 자료가 상세하게 나열되어 있다. 따라서 이 책은 일본이 조선 및 만주를 경영하는데 지침서로 사용할 목적으로 출간되었음을 알 수 있다.

목차는 크게 滿洲之部와 朝鮮之部 및 전남의 면화 등으로 구성되어 있다. 만주와 조선을 상세하게 살펴보는 외에도 특히 전라남도의 면화를 강조하고 있다. 이는 특히 조선에서 전라남도지역의 면화가 부가가치가 크다고 판단하였기 때문으로 여겨진다. 이 장에서는 면화가 전래되게 된 연혁부터 시작하여 재배법과 생산물의 처리, 製油狀況에 이르기까지 면화를 통해 부를 창출할 수 있는 제반 내용이 들어있다.

만주지부를 소개하는 장에서는 만주의 연혁과 關東廳政史를 통해 만주에 관한 역사를 기초적으로 서술하고 있다. 그 외 통신사업, 위생, 교육, 교통, 산업일반시설을 비롯한 남만주철도주식회사의 사업개황과 농·광·임·축산에 이르기까지 富源에 해당되는 거의 모든 분야를 샅샅이 자료 조사하여 싣고 있다. 조선지부에서도 마찬가지로 조선의 간단한 연혁과 총독부관제를 소개한 뒤, 조선의 총체적인 재정을 비롯하여 농업·임업·어업·광업·상업·공업 등 부원이 될 만한 거의 모든 분야의 기초자료를 서술하고 있다.

조선의 변경과 관련해서는 조선의 연혁 가운데 지세와 기후를 설명하는 부분을 통해 그 대강의 인식을 엿볼 수 있다. 책에서는 조선의 위치를 소개하면서 그 東端을 동경 130도 56분 23초로 보고 있다. 이는 이미 1919년에 총독부에서 출간한 『조선지지자료』 등에서 언급한 내용으로 이를 토대로 서술한 것임을 알 수 있다. 이를 통해 독도를 한국령으로 간주하고 있었던 사실도 엿볼 수 있다. 또한 한반도의 지리가 동쪽으로는 일본해와 접하고 있다고 하여 동해를 여전히 일본해로 기술하고 있는 사실도 보인다. 조선의 북쪽 국경을 서술하는 부분에서는 "북쪽은 장백산맥, 압록강 및 두만강의 일부가 만주와 러시아령 연해주와 연결되어 있다"고 하였다. 두만강을 도문강으로 기술하던 종래의 역사서와는 달리 한국 측 표기를 따르고 있다는 점이 눈에 띈다.

42. 新編朝鮮地誌, 日高友四郎, 朝鮮弘文社, 1924

이 책의 저자는 조선에서 다양한 부원을 창출할 수 있을 것이라는 기대를 가지고 있다. 저자가 서문에서 밝히는 내용을 보면 조선은 농업·임업·광업·수산업 등에서 좋지 않은 분야가 없다는 점, 특히 4만 정보에 해당되는 국유 미개간지와 석탄을 비롯한 광물들이 무궁무진하게 매장되어 있다는 점, 4,400리의 해안선을 가진 한·난류의 교차해역으로서 세계의 豊漁地라는 점, 공업원료가 풍부하다는 점, 중국과 러시아와의 교역량은 오히려 일본보다도 우월하다는 점 등등 조선이 가진 이점은 셀 수 없이 많다.

그런데 그동안 편찬된 조선 지지들의 종류와 내용을 보면 지도와 면적, 해안선 및 기타 지지의 기초가 되는 정보들, 특히 不動의 數字에서 서로 틀린 부분이 많았다는 것이다. 때문에 이 책에서는 그 틀린 부분을 바로잡기 위해서 조선총독부 임시토지조사국의 조사보고에 기초하여 편찬하였음을 밝히고 있다. 또한 관청은 물론 학교의 참고서로도 널리 활용될 수 있을 것이라 내다보았다.

책의 전체적인 구성은 한국의 위치, 넓이, 지세, 산계, 수계, 평야, 해안, 기상, 천산물 등의 내용을 담은 자연지리와 한국민족, 풍속습관, 교통, 행정, 사회사업, 종교, 교육, 재정 및 경제, 전매, 산업, 경찰, 위생, 사법, 고적 및 유물, 군사 등의 내용을 담은 인문지리로 되어 있다. 그리고 경기도, 충청북도, 충청남도, 전라북도, 전라남도, 경상북도, 경상남도, 황해도 등 각 지방 지지가 들어있다. 지방의 지지는 각 지방의 연혁과 위치, 산업, 공업, 교통, 교육, 위생 등 자연과 인문지리적인 내용을 망라하고 있다. 단, 황해도 이북의 북부 조선에 대하여는 서술하지 않았다.

독도와 관련하여 경상북도에 대한 지지의 내용을 살펴보면 여타의 역사지리서와는 달리 본 도에 속하는 섬에 대한 서술은 생략되어 있다. 또한 국토의 동단과 서단 등 4면의 끝이 어디까지인가에 대한 언급이 없어 독도를 한국령으로 포함해서 인식하고 있었는지의 여부는 알 수 없다. 다만 경상북도의 어업의 중심지로서 울릉도 근해의 어업이 발달해 있는 내용만이 포함되어 있을 뿐이다.

43. 北鮮間島史, 永井勝三, 会寧印刷所, 1925

일본 학자들은 일반적으로 두만강 유역에 대해 일본, 중국, 러시아의 접경지로서 동양의 발칸지대라고 언급할 수 있을 정도로 정치·경제상 주요한 지역으로 보고 있다. 그러나 그동안 일본, 중국, 조선의 역사를 단편적으로만 서술해 왔기 때문에 반도의 북쪽지역에 해당되는 조선의 역사를 알기가 쉬운 일은 아니었다. 그에 따라 이 책은 학자뿐만 아니라 조선을 사회경제적으로 경영하고자 하는 경세가들의 참고자료가 될 만하다는 평가를 받으며 편찬되었다.

따라서 이 책은 자연히 한반도의 북방일대가 역사적으로 어떻게 변천해 왔는지, 백두산과 두만강을 중심으로 하는 민족의 구성과 접경지대인 중국, 러시아 등과의 관계사는 어떠한지 등의 맥락을 살펴보는 형식으로 구성되어 있다. 북방지역과 민족의 개론적인 내용을 담고 있는 총설을 비롯해서 단군신화와 예맥의 변천을 담고 있는 상고사, 옥저·고구려 등의 중고사, 발해·신라·고려로 이어지는 근고사, 조선의 동북경략을 다룬 근세사, 러일전쟁을 비롯한 한일병합에 이르기까지의 최근세사를 모두 다루고 있다. 다만 각 시기별 역사를 다룸에 있어서 조선의 북방과 간도에 관계된 역사에 주안점을 두고 서술하고 있는 것이 특징이다.

국경과 관련한 인식을 살펴보면 圖們江을 기술하면서 속칭 고려강이라 하고 또한 豆滿, 土們, 統們, 徒們 등으로도 기록한다고 보았다. 아울러 도문강은 두만강의 중국식 발음일 뿐, 송화강의 한 지류인 토문강과는 별개의 강이라는 한국 측 시각에 대해서는 언급이 없다. 이는 1909년 간도협약을 통해 이미 간도지역을 청의 영토로 넘겨주었기 때문에 이와 관련한 오해의 소지를 없애기 위해 중국 측 시각을 수용하고 있는 것으로 보인다.

한편 1712년 백두산정계비의 건립과정과 조·청 양국간의 분쟁을 소개하는 부분에서는 "나라의 경계를 조사한 결과 서쪽은 압록강 본류로, 동쪽은 土門江으로 국경을 확정지으면서 다년간에 걸친 분규를 해소"한 것으로 서술하였다. 그러나 비문의 토문강은 그 명칭에 대한 의혹이 후대에까지 지속되면서 "조선에서는 토문은 두만강이 아니라 송화강 상류의 토문이라 하고, 청국은 토문이나 두만이나 모두 여진어로 Tumen의 譯字라고 하여 소위 동간도 문제가 야기되었다"고 보았다.

이 외에도 책에서는 조선인이 두만강을 넘어 황무지를 개간하는 문제 및 주민 쇄환을 두고 청국정부와 수차례 교섭이 있었음을 서술하였다. 또한 '토문과 두만의 분쟁'이라는 별도의 장을 만들어 조선과 청이 백두산정계비의 토문을 놓고 분쟁을 벌인 과정과 세 차례에 걸친 勘界談判의 내용 등을 소개하고 있다. 그러나 이에 대한 서술상의 평론은 생략되어 있어 조·청간 국경분쟁을 둘러싼 일본의 인식은 잘 드러나지 않고 있다.

44. 咸北要覽, 咸鏡北道 地方課, 会寧印刷所, 1926

함경북도는 북쪽 극지방에 위치해 있기 때문에 본 도의 지지에 대한 내용은 일반에게 덜 알려져 왔다. 그런데 이곳은 농정에도 적합하고 삼림지로 개발되어도 아주 훌륭한 곳이기 때문에 이러한 좋은 점들을 널리 알리기 위한 자료로서 지리서가 편찬되었다. 특히 책의 내용은 함경북도의 지리적 연혁 및 현황과 산업일반에 대한 서술이 주를 이루고 있지만, 산업 및 교통에 대한 내용이 대부분이다.

책에 포함되어 있는 내용을 대체적으로 보면 우선 함경북도의 연혁과 지리, 풍속 및 관습, 교육 및 종교, 산업상태, 상업 및 금융, 교통기관, 위생상태, 경비기관, 고적 및 유람지, 주요지 略況 등이다. 주요지역의 간략한 개황에서는 청진, 회령, 웅기, 사포, 경흥, 경원 등지의 지리적 측면과 특기할만한 산업내용이 소개되어 있다. 또한 부록을 통해서는 간도 및 훈춘지역의 연혁과 지리적 관계를 서술하였다.

구체적인 내용을 살펴보면 함경북도의 지리를 설명하면서 "본도는 조선의 동북에 위치하여 북으로는 두만강을 접하고 간도, 훈춘 및 러시아령 우수리주와 마주하고 있다"고 서술하였다. 따라서 간도의 귀속문제를 직접적으로 언급하지는 않았으나, 간도와 조선의 영토는 두만강을 사이에 두고 각각 그 경계와 귀속을 달리 하고 있음을 표현하였다. 또한 동남쪽으로는 일본해와 접하고 있는 것으로 서술함으로써, 동해를 일본해로 표기하고 있음을 볼 수 있다. 나아가 "極東은 경흥군 토리동에서 동경 130도 40분"임을 명확히 하여 조선의 영토영역을 구체적으로 나타내고 있다. 이는 함경북도를 기준으로 한 것이기 때문에 독도를 포함했을 경우의 동단의 경위도와는 엄연한 차이가 있다.

45. 最近間島事情, 牛丸潤亮·村田懋麿, 朝鮮及朝鮮人社出版部, 1927

간도에 대한 제반 정보를 담고 있는 책으로서 조선총독부 철도국장과 殖産局長, 간도총영사, 간도수출입상 동업조합장 등의 연이은 서문이 실려 있다. 이로 보아 각계 인사들에게 그 필요성이 인식되어 오던 차에 편집, 출간된 것으로 보인다. 일본인들의 간도에 대한 대체적인 인식은 일본의 장래는 조선을 어떻게 개발하느냐에 달려있고, 조선의 개발은 북조선의 개발을 급무로 한다는 신조 하에 간도를 중요시 해왔다. 북조선과 맞물려있는 간도는 인구는 적고 각종 자원이 풍부한 곳으로서 일본의 이익을 위해 매우 중요한 지역이며 한일병합 이후 사람들의 이목이 특히 집중된 곳이다. 일본에서는 간도지역의 산업과 무역에 대한 제반 정보를 조사, 연구하여 간도를 보다 많이 알고자 하는 사회적 요구에 충실히 부응하려는 움직임이 증대되었다. 따라서 이 책도 이러한 일환으로 출간되었던 것이다.

책이 담고 있는 주요 내용을 보면 간도의 기원과 백두산의 정계, 간도문제, 반도민족 이주의 역사와 이주 원인 및 현상, 러시아와 중국의 대이민정책, 北門의 寶庫, 대륙진출의 신 경로, 각종 통계도 및 지도로 구성되어 있는 부록이 들어 있다. 주요 내용을 통해서도 알 수 있듯이 역사상 간도의 기원과 백두산정계비를 둘러싸고 한·청 양국 간의 갈등으로 야기된 소위 간도문제, 간도의 산업과 교통로 등 이 시기 일본에서 궁금하게 여겼던 간도에 대한 제반 사실들이 거의 모두 서술되어 있다고 할 수 있다.

여기서는 '소위 간도문제'를 다루면서 간도문제의 시작은 1712년 백두산정계비를 세운 후 170년이 지난 1882년에 청이 조선정부에 대해 간도에 거주하는 조선인을 본국으로 불러들이라는 요구를 하면서 겉으로 드러나는 시초가 된 것으로 보고 있다. 이어서 간도문제는 조선이 청의 요구에 따라 1883년 서북경략사 어윤중을 파견하여 백두산 위의 정계비를 답사한 후 간도는 청국의 영토라고 인식하기 어렵다는 뜻을 나타내면서 발단이 된 것으로 보았다.

이후 조선 측은 백두산정계비의 토문강은 두만강과 다르다는 주장을 해왔지만, 청국 측은 토문강을 두만강과 같은 강으로 주장하면서 조선 측의 항변을 받아들이지 않아 결국 미해결의 상태로 수 년 간 양국 간의 현안이 되어왔음을 서술하고 있다. 그런데 러일전쟁의 결과 조선은 일본의 보호국이 되면서 일본이 조선의 외교를 대신하게 되었고, 일본은 간도의 소속문제는 별문제로 하면서 간도에 거주하는 한인을 보호하여 왔다. 이후 일본은 1907년 조선통감부 간도파출소를 설치하여 사무를 개시하면서 보다 적극적인 한인 보호정책을 폈다. 파출소 설치 이후 일본은 양국 간의 국경분쟁에 휘말리지 않으려는 종래의 태도를 바꾸어 간도를 조선의 영토로 간주한다는 성명을 통해 일본정부의 단호한 방침을 나타냈다고 하였다.

그러나 일본은 대국적인 견지에서 일의 경중을 헤아리고 일본과 중국의 친선을 생각하여 남만주철도 부설권과 撫順 탄광 개발권 등의 이권을 얻는 대신 두만강을 국경으로 하고, 간도지방의 영토권을 청국에 양보하는 간도협약을 체결하게 되었다고 서술하였다. 아울러 간도문제의 해결이 쉽지 않음을 서술하고 있는 바 이를 통해 간도에 대한 일본의 인식을 엿볼 수 있다.

일본은 간도문제에 대한 조선의 주장이 다음과 같은 점에서 매우 불확실한 점이 있기 때문에 이를 어느 정도까지나 계속 뒷받침해 줄 수는 없다는 것이다. 우선 조선에서는 두만강이라 칭하고 중국에서는 도문강이라 부르는 것은 三史語解에 의하면 원래 여진어의 豆漫 즉 Tuman에서 나왔다. 따라서 중국이 두만강을 토문강이라 주장하는 것이 아주 잘못된 것은 아니라는 것이다. 다음으로 토문강이 비문의 '東爲土門'과 같다면 북간도는 북만의 동남부일대지역으로서 조선의 영토라며 소유권을 다투려고 하지만 이는 무리한 생각이라는 것이다. 정계비에 나와 있는 동쪽 하천에 두만강을 제외시키지 않는 것이 당연하며, 분수령이 되는 토문강의 하류가 송화강으로 합쳐지므로 토문강은 곧 송화강의 한 지류로서 두만강이라는 것이다.

또한 조선은 원래 두만강 바깥의 영토를 소유한 적이 없다는 것이다. 윤관의 북간도지역 정벌과 이성계가 이지란을 파견하여 여진부락을 정복한 사실 등도 있지만, 이것으로 곧 두만강 바깥의 영토까지 확장했다고는 보기 어렵다는 것이다. 마지막으로 간도에는 다수의 조선 인민들이 청나라 사람보다 먼저 이주해서 살고 있었기 때문에 조선의 영토와 다름없다는 주장을 하고 있다는 것이다. 그러나 국가의 版圖와 주민의 국적은 아무런 관계가 없다는 사실을 이해하지 못한 무지의 결과라는 주장을 펴고 있다.

이처럼 조선의 간도영유권에 대한 일본의 시각은 회의적이다. 종래 조선의 영토로 인정하고 간도를 경영하던 확고한 입장과는 상당부분 달라진 태도를 보이고 있다. 즉 한·청 양국간의 지리한 마찰 끝에 일·청이 간도협약을 체결하게 되어 국경분쟁의 대단원의 막을 내리게 된 것으로 서술하고 있는 것이다. 이는 결국 일본이 한·중 사이에 개입하여 문제를 해결해낸 것으로 묘사함으로써, 간도를 일본의 이익에 따라 청에 양여한 사실 자체를 호도한 것이다.

이를 통해 조선의 외교권을 박탈한 후 간도를 자신들의 수중에 넣어 경영했던 시기의 일본의 태도와, 간도협약을 통해 청에 영토권을 넘기게 된 이후 이에 대한 일본의 인식과 태도가 확연히 달라진 사실을 확인할 수 있다. 일본은 간도를 사이에 두고 진행된 한·청간 영토분쟁을 조선에 불리하게 작동시킨 책임에서 자유로울 수 없음에도 불구하고, 화합을 이끌어낸 중재국으로서 교묘하게 국가 이미지 변신을 시도하였던 것이다.

46. 日本地理大系 12 〈朝鮮篇〉, 改造社, 1930

일본 내의 대학교수들과 고교 교사들이 한데 모여 집필, 편찬한 사전적인 지리역사서이다. 목차는 따로 존재하지 않으며, 조선을 일본지리의 한 범주로 이해하고 역사에 대한 간략한 서술과 함께 각종 관련 자료와 사진을 덧붙이고 있는 것이 특징이다. 특히 조선을 중앙조선, 남조선, 서조선, 북조선 등의 지역으로 구분하고 각각의 개설적인 내용과 유명한 유적지, 산업 등에 대해 소개하였다. 이어서 종합해설이라는 별도의 장을 구성하여 조선의 자연지리와 농업, 임업, 수산업, 교통, 인구, 언어 등 인문지리적인 내용을 싣고 있다. 전체적으로 사전적인 구성으로서 일관된 논리로 설명이 이루어진 지리역사서와는 다소 차이가 있다.

울릉도 및 독도와 관련한 서술로는 경상남북도와 전라남북도를 포함하는 남조선을 개략적으로 설명하는 가운데서 조금 살필 수 있다. 여기서는 사진자료로 울릉도의 이모저모를 소개하였다. 울릉도는 "일본해상의 외로운 섬"이라는 설명을 통해 동해를 일본해로 표기하고 있다. 기타 울릉도 道洞과 울릉도의 西厓 등을 사진으로 설명하고 있다. 독도는 아예 표기와 서술대상에서 제외되어 있다.

간도와 관련해서는 백두산정계비를 사진과 함께 소개하면서 간도분쟁에 얽힌 역사적 연원을 간략하게 서술하였다. 그에 따르면 "백두산정계비에 있는 土門이라는 문자가 논쟁의 중심이 되고 있으며 조선 측은 토문을 송화강의 상류라 하여 토문강 동쪽은 우리들의 영토라 하고, 청국은 토문을 두만강과 같다고 하여 토문강 이북은 청의 영토라고 주장하였다. 이 문제는 오래도록 풀리지 않았는데, 통감부를 설치한 후 1909년 일본과 중국 사이에 간도에 관한 협약을 체결하여 두만강을 청·한 양국의 국경으로 삼고 江源지방에서는 정계비를 기점으로 石乙水로서 양국의 경계를 삼는다는 결정을 내려 다년간에 걸친 문제가 해결되었다"라는 것이다.

여기서도 마찬가지로 일본은 자국의 이익에 따라 간도영유권을 청에 넘겨주었으면서도 이를 사실대로 적시하지 않은 채, 다만 한국과 중국의 중재자로서 오랜 기간 미해결이었던 간도문제를 해결해준 당사자인 것처럼 서술하고 있다. 또한 한국을 병합한지 오랜 시간이 경과하였지만 역사지리서를 서술함에 있어서 여전히 한국을 일본에 귀속시킨 나라로 서술하지 못하고 한국으로 기술하거나, 조선의 영토를 '우리들의 영토'로 표현하는 등 서술상의 통일을 보지 못하는 태도를 엿볼 수 있다.

책 말미의 지도를 보면 울릉도는 표시하였으나, 독도를 그리지 않은 채 울릉도에 또다시 竹島라고 표기하여 울릉도를 죽도라 명명했던 사실을 볼 수 있다. 한국이 일본의 식민지가 된 이상 한국령에 속한 영토가 모두 일본령이 된 것이나 마찬가지이다. 때문에 한국령에 속한 섬 모두를 지도상에 표기 못할 이유가 없는 상태이지만, 독도에 대한 표기는 생략되어 있는 것이다. 이 책의 출간 이전에 나온 책자 상에도 독도가 나타나 있는 것으로 보아 독도의 존재 자체를 몰랐다고 볼 수는 없다. 독도에 대한 서술을 의도적으로 생략하고 있는 것으로 보여지는 이유이다.

47. 朝鮮之硏究, 朝鮮及滿洲社, 1930

이 책은『朝鮮及滿洲』라는 잡지에 1908년부터 1915년까지 게재되었던 각 명사들의 집필들 가운데 일부를 모아『조선 및 만주의 연구』로서 1914년에 단행본으로 발간한 것을 제2집으로 다시 발행한 것이다. 조선 연구에 참고가 되는 기초자료로서 출간되었다. 조선의 역사를 기본적으로 서술하면서도 주로 공업과 농업에 관한 소개로 채워져 있다.

그 목차를 보면 제1편 정치, 제2편 산업과 경제, 제3편 사료와 고증, 제4편 인물, 제5편 잡록으로 구성되어 있다. 제1편인 정치편에서는 고대부터 한일병합기까지를 시대별로 일관되게 서술한 것이 아니라 총독정치가 시작된 이후의 조선시국관이나 조선어교육, 자치론 등 주제별로 조선의 정치와 관련된 글을 묶어 놓았다. 제2편인 산업과 경제에서는 조선의 광업, 농업, 공업 등 산업전반에 대한 내용을 서술하였다. 제3편인 사료와 고증에서는 고적과 금석문, 고려의 인쇄술, 신공황후의 신라정벌에 대한 논증 및 해설류가 실려 있다. 제4편인 인물편에서는 역사상 위대한 발자취를 남긴 인물들과 寺內正毅, 山梨半造 등의 조선총독들의 치적에 대한 내용을 담고 있다. 제5편에서는 조선의 지방병, 고산식물, 약과식물, 미술 등 잡다한 사실들을 기록하고 있다.

국경과 관련한 내용으로는 편자가 북조선인 함경남북도 일대를 서술하면서 "함경남북도에서 도문강으로 나와서 간도를 들여다보고 북방 국경을 보고 돌아오는" 여정의 소개를 통해 자연스럽게 국경은 곧 도문강 일대로 인식되고 있었음을 알 수 있다. 다만 여기서는 도문강이 두만강인지, 토문강인지가 분명하게 기술되어 있지 않다. 간도 역시 조선령인지, 중국령인지에 대한 태도를 불분명하게 하고 있다.

48. 間島問題의 回顧, 篠田治策, 1930

이 책은 러일전쟁 후 일본이 조선의 외교권을 박탈한 뒤 수년간의 현안인 간도분쟁을 해결하기 위해 국제법에 능통한 자들을 골라 통감부파출소의 인력구성을 하던 시기, 국제법에 해박한 저자가 국가를 위해 봉사한 체험담을 회고형식으로 서술한 것이다. 저자는 대학에서 정년을 마친 뒤 한 때 동경의 변호사 사무실에서 종사하였다. 러일전쟁기 여순 攻圍軍의 국제법고문으로 종군하던 차에 伊藤博文 통감과 長谷川好道 군사령관의 협의 하에 간도통감부파출소를 만들게 되자 문관의 자격으로 고빙되었다.

저자는 과거를 회상하면서 비교적 솔직하게 다음과 같이 간도문제에 접근하고 있다. 일본은 한국으로부터 외교권을 위임받은 뒤 간도에 일본 관헌을 파견하였다. 표면상은 청국관헌의 횡포와 마적의 학대로부터 다수의 韓民을 보호하기 위함이었다. 이면으로는 간도문제를 한국에 유리하게 해결하려는 것이었다고 보고 있다. 그러기 위해서는 "간도는 한국의 영토라는 것을 전제하는 것이 마땅하다"는 방침을 세울 것을 정부에 요구하면서 간도문제를 역사적, 법률적으로 연구하였다는 것이다. 이는 결국 일본도 국가적 이익을 위해서는 간도가 조선의 영토여야 하고, 또 그래야만 청과의 협의가 원만히 진행되리란 것을 계산하고 있었던 사실을 드러내는 것이다.

간도문제에 천착하여 이를 연구한 결과 저자는 "간도는 청·한 양국 어느 나라에도 속하지 않으며, 자연적으로 형성된 無人의 중립지대"라고 파악하였다. 또한 "간도는 압록강 對岸을 포함하는 역사상 間曠지대이기 때문에 압록강 대안을 청국의 영토로 하는 이상에는 두만강 대안은 한국의 영토로 하는 것이 공평하다"고 생각하였다. 그러나 이는 학자로서의 공평한 학술상의 결론일 뿐, 공인으로서 간도에 파견되어 행동하는 이상

20여년 넘게 한국인이 주장해온 한국 영토설을 지지하였다는 것이다.

저자는 백두산정계비가 두만강의 上源이 아닌 土門江源에 세워져 있었기 때문에 후대에 간도문제가 생겨났다고 보았다. 즉 청국에서는 정계비에 쓰여진 '東爲土門'의 토문을 두만강이라 주장하고, 한국 측은 토문을 토문강으로서 두만강과는 전혀 다른 강으로 주장하였다. 그에 따라 두만강이 경계가 되면 간도지방은 청국의 영토가 되고, 한국 측의 주장에 따르면 토문강 이남은 한국영토가 되는 것이었다. 그러나 정계비 건립 후 간도지방은 양국 간에 다행히 오랜 기간 중립지대로 존중되어 왔다.

1909년 일본의 주도하에 간도협약이 이루어지고 수십 년 동안의 현안이던 간도문제가 해결되었지만, 저자는 이를 일본의 외교상의 실패로 간주하였다. 압록강 대안 및 훈춘방면을 청국영토로 하고, 간도 일대를 조선의 영토로 하는 것이 최선의 공평한 방법이라는 것이다. 懸爭地로서 간도일대를 절반으로 나누어 해결하는 것이 최고의 공평한 해결방법이라고 확신하였다는 것이다.

이 책을 통해 일본에서는 조·청 양국 간의 영토분쟁지였던 간도를 처음부터 조선의 영토로 인정하고 있었으며, 일본에 유리하도록 간도협약을 진행시키는 대신 간도를 청에 양여한 사실이 드러나는 것을 바람직하지 않게 여겼음을 확인할 수 있다.

49. 朝鮮事情 : 鬱陵島記事, 今村鞆, 1930

이 책은 울릉도에 관련된 자료만 뽑아 별도의 책으로 구성한 것이며, 울릉도의 역사적 연혁과 산물 등을 기록하고 있다. 책의 목차와 소개하는 글 없이, 章과 節의 구성없이 소제목만 붙이고 서술하는 방식을 취하고 있다. 역사적 연혁을 서술하는 부분에서는 신라 때 우산국으로, 고려조에는 于陵으로, 조선조에 와서 비로소 울릉도로 자리매김 된 섬의 연원을 서술하였다. 나아가 울릉도의 소속을 둘러싸고 일본과 조선 간에 쟁의가 있었던 사실도 기록하였다. 조선조에 들어와서 상당기간 空島 정책을 추진하였고, 그 틈을 이용하여 일본에서는 주민들이 도항하여 어류와 풍부한 생산물을 채취하며 거주하게 되자, 울릉도를 자신들의 영토로 삼으려는 움직임이 있었음을 서술하였다. 이에 조선에서는 무신 張漢相을 파견하여 섬을 왕복 순찰한 이래 매년 1회씩 관리를 파견하여 이를 정례화 하였다. 삼척의 營將과 越松의 萬戶가 출장하여 대나무를 벌목하고 토산물을 채취하여 조정에 바치도록 하면서 이 지역을 관리한 것으로 되어 있다.

이 책에서는 일본의 독도에 대한 인식도 엿볼 수 있다. 즉, "울릉도는 명칭이 많은데 조선에서는 羽陵, 蔚陵, 鬱陵, 武陵, 芋陵, 羽溪 등으로 불리었다. 한편 일본에서는 松島, 磯竹島, 竹島라 불리었다"고 설명하고 있다. 일본에서는 울릉도를 " 죽도 또는 기죽도라고 불렀다"는 것이다. 또한 "울릉도의 동남 약 50리에 있는 리앙쿠르도를 송도로 호칭했지만, 이 둘을 혼동한 때도 있었던 것으로 보인다"고 되어 있다. 나아가 "해군의 海圖에는 울릉도를 송도라 하고, 서양인들은 이를 Dagelet이라고 부르는데 그 어원은 알 수 없다"고 하였다.

따라서 일본에서는 울릉도와 독도를 혼동하여 부르고 있었으며, 두 섬을 확실히 구분하지 못할 정도로 독도에 대한 정확한 인식이 결여되었던 때도 있었다. 그러나 독도를 울릉도와 함께 『조선사정』의 책 안에서 서술함으로써, 독도는 울릉도와 지리적으로 아주 가까운 섬이며 한국의 영토에 속하는 섬으로 인식하고 있었던 사실도 확인된다. 명백하게 한국 영토인 울릉도에 대해서조차도 "일본민을 移植시키고 시설을 설치하여 묵인한다면, 자연히 일본의 영토가 된다"는 인식하에 접근하고 있었다는 것도 이 책의 서술을 통해 알 수 있는 사실이다.

50. 統監府時代に於ける間島韓民保護に關する施設, 朝鮮總督官房文書課, 1930

이 책은 통감부시기 일본이 간도에 통감부파출소를 설치하고 간도에 있는 한국민을 '보호'했던 사실을 당시 파출소의 총무과장이었던 법학박사 篠田治策이 그때의 기록에 근거하여 기술한 것이다. 1930년 조선총독부는 '在外 조선인 보호문제의 자료보존을 위하여' 이를 다시 간행하였다.

책의 구성은 서언을 비롯하여 1. 간도의 연혁, 2. 통감부파출소의 설치, 3. 한민보호의 시설, 4. 청국 정부의 대항적 시설, 5. 청국 관헌과의 중요한 교섭, 6. 재판권문제, 7. 파출소의 撤退 등 간도의 현황을 전반적으로 소개하고 있다. 그러한 가운데 간도문제의 경위를 비롯하여 일본이 파출소를 설치하고 운영한 내용, 간도분쟁을 둘러싼 일본과 청의 교섭 등이 중심적 내용이 되고 있다.

우선 백두산정계비의 내용과 관련하여 서술한 것을 요약하면, "1712년에 세운 백두산정계비문 가운데 '東爲土門'의 토문강은 백두산 정상에서 동남향으로 흐르다가 稍平坦의 鞍部에 이르러 동쪽의 토문강변과 서쪽 압록강변으로 나뉘어 흘러간다. 토문강 상류 약 1리 반 사이의 水流를 보면 땅이 갈라진 상태로 되어 있다. 양쪽으로 갈라지는 모양이 문과 같아서 토문강이라고 부르게 되었다. 토문강은 발원지에서 동동북쪽으로 흘러 송화강이 되고, 곧 흑룡강으로 들어간다. 그리고 두만강의 원류는 정계비 부근의 紅土水에서 높은 구릉을 사이에 두고 70여 리 한국 땅으로 발원한다. 후대의 간도의 문제는 바로 이 지점에서 기원한다. 청은 토문의 발음이 두만과 같다고 하여 두만강 이북을 청의 영토라 주장하고, 한국은 토문강과 두만강은 전혀 별개의 강으로서 토문강 이남은 한국의 영토라고 주장하면서 20여 년간 양국 간의 분쟁이 되었다"는 것이다. 이처럼 이 책에서는 간도문제의 기원을 서술하면서 토문강의 어원을 살피고 있다. 동시에 토문강의 양안 지류까지 소상하게 밝혀 이를 둘러싼 영토분쟁이 난마처럼 얽히게 된 배경을 쉽게 설명하고 있다.

이어서 간도분쟁은 간도에 살고 있는 한민족을 쇄환하는 문제에서 야기되어 간도의 영토권 문제로까지 비화된 점을 기록하였다. 1885년 중국 측의 한민 쇄환요구에 대해 당시 서북경략사였던 어윤중은 "청에서는 토문을 두만과 동일시하지만, 토문은 두만과 별개의 하천으로서 정계비에서 발원하는 하나의 하천이다. 따라서 토문강 이남에 있는 민은 쇄환할 필요가 없다"고 항의하였다. 이것이 소위 간도분쟁의 시작이었다고 보았다.

백두산정계비의 '東爲土門'을 둘러싼 간도논쟁은 이처럼 토문에 대한 해석이 가장 큰 쟁점이었다. 1899년 한·청 양국은 토문강과 두만강의 관계를 명확하게 해결하여 영토분쟁을 해소하고자 하였으나, 이듬해 의화단사건이 발발하였다. 한국정부에서는 간도관리사로 이범윤을 파견하여 그 지역을 관할케 하였으나 청국정부는 한국에 강력하게 항의하여 양국의 분쟁은 계속되었다.

이러한 과정 속에서 조선과 청나라 간에는 세 차례에 걸친 감계회담을 진행시켰으나, 아무런 합의를 보지 못하였다. 이에 청은 도문강 이북을 자국영토로 獨斷하여 군대를 주둔시키고 지방관을 파견하여 제반 시설을 증진하는 한편, 간도에 사는 한민에 대하여 변발을 강제하고 소유지를 몰수하여 도문강 이남으로 방축하는 명령을 내리기도 하였다. 한국정부는 간도관리사를 파견하여 일시적으로 한민을 보호하였지만, 국세가 미약하여 청의 세력에 대항해 한민보호를 완전히 할 수가 없었다.

러일전쟁의 결과 한국은 일본의 보호국이 되고 일본이 한국의 외교권을 대리하게 되자 한국의 의정부 참정대신 박제순은 이토 통감에게 보호권을 위임하였다. 이토통감은 제국정부와의 협의 하에 간도의 소속문제는 별문제로 하고 통감부 간도파출소를 설치하여 보호권을 행사하였다. 이에 청국이 간도에 대병을 파병하려 하자 일본은 이를 경고하여 저지시키고, 파출소로 하여금 한민을 회유하고 보호하는 강구책을 꾀해 나가도록 하였다. 당시 일본정부의 입장은 "간도는 한국영토"라는 것이었다.

이처럼 이 책의 서술을 통해 일본정부의 간도에 대한 인식을 헤아릴 수 있으며, 명백하게 간도는 한국의 영토임을 인정하고 있었음을 알 수 있다. 책에서는 일본이 1909년 간도협약을 통해 다년간의 분쟁을 전부 해결하였다고 언급하고 있다. 반면, 그로 인해 일본이 얻게 된 정치, 경제, 사회, 문화적인 이익에 대해서는 소략하고 있는 것이 대체적인 역사서술방식이다.

51. 朝鮮地方全圖, 鈴木駿太郎, 1932

한국전체를 묘사하고 있는 한 장짜리 全圖이다. 두만강과 압록강을 경계로 중국과 국경선이 획정되는 것으로 보았다. 그에 따라 간도는 중국령으로 표시되어 있으며, 독도는 아예 나타내지 않았다.

52. 間島の槪況, 陸軍省調査班, 1932

1932년 일본육군성에서 간도의 현황을 조사한 것이다. 서문에 나타난 책 발간의 주된 목적은 滿蒙 신국가를 건설함에 있어서 간도도 그 범주 안에 들어가기 때문에 일본인의 이주를 적극 장려하고, 王道文化를 번영시킴으로써 이상적인 樂土를 건설하는데 참고자료로 활용하기 위함이다. 책에서는 1909년 일본이 중국을 상대로 간도협약을 체결함으로써 오랜 기간 끌어오던 간도문제가 해결되었다고 보고 있다. 그 이전의 한·청 양국 간 분쟁 속에서 간도의 귀속문제는 불분명하게 다뤄지고 있다.

책의 구성은 제1장 간도의 개념에서 간도의 위치와 면적, 간도의 역사를 다룬 연혁 등의 자연지리와 간도주민과 통치, 산업, 교통 및 통신, 치안유지 등의 문제를 포괄적으로 서술하고 있다. 제2장에서는 현재 간도의 불안요인과 실상을 소개하면서 匪賊과 청 관헌의 가렴주구에 대해 서술하였다. 제3장은 간도에 조선총독부가 설립한 교육, 위생, 금융기관의 현황에 대해 소개하고 있다. 마지막 장인 4장에서는 지금까지 내용을 간략히 정리하면서 신국가 건설에 박차를 가해 나갈 것을 촉구하고 있어 한 편의 논문으로 구성된 듯한 느낌을 준다. 이 외에 부록을 통해 간도협약의 내용을 소개하고 있다. 간도지역을 상세히 나타낸 지도도 부록으로 포함되어 있다.

책에서 밝힌 간도의 위치는 "길림성 동남방의 한 지역으로서 우리 조선의 북쪽 경계를 흐르는 도문강의 北岸에 위치한 것"으로 서술하였다. 조선은 이미 일본의 식민지가 된 지 오래기 때문에 '우리 조선'이라는 표현으로 조선이 일본영토가 되었음을 나타내고 있다. 이어서 간도의 경계는 "남쪽으로 도문강을 사이에 두고 조선의 북쪽 경계와 마주보고 있다"고 되어 있다. 여기서 도문강은 곧 두만강을 의미하는 것으로, 중국 측 주장을 따르고 있다.

첫 장에서 간도의 간략한 개요를 나타내면서 간도를 둘러싼 영토분쟁의 경위를 서술하고 있다. 그에 따르면 "발해국이 멸망한 후 여진족이 흥기하여 간도에서 세력을 결집하고 조선을 위협하였다. 이에 이성계는 이를 토벌하고 고려의 판도 안에 장악하였다"고 되어 있다. 이는 고려말의 상황을 기록한 것이다. 이후 여진이 금나라를 건설한 뒤 간도를 공략해와 조선과 금나라 간에 간도를 중립지대로 합의한 사실, 19세기 중엽 조선의 북부지역에 큰 흉년이 들자 조선인들이 간도에 대거 이주하여 농사를 짓

게 되었고 중국인들 역시 정착하여 살게 되었다는 점, 중국은 간도를 자
국영토라며 조선인 墾民들을 그 지배하에 두고자 하였다는 점 등을 서술
하면서 이때부터 양국 간 국경분쟁이 야기된 것으로 보았다.

책의 서술방식을 따라가 보면 "이에 앞서 1712년 러시아의 東漸을 두
려워한 청국이 조선에 국경을 명확히 정하자는 제의를 하였고, 그에 따라
백두산에 정계비를 세우게 되었다.…그 후에도 분규는 종식되지 못하다
가, 한국이 일본의 보호국이 된 후 외교권을 장악한 일본이 통감부 임시
간도파출소를 설치하여 간도에 있던 조선인을 보호하였다. 이로써 조선
민은 다년간에 걸친 청의 폭압과 능욕에서 벗어나게 되어 이를 반가워하
였다. 간도협약에 의해 간도는 청의 영토가 되어 오늘에 이르렀다"라고
서술되어 있다.

이처럼 간도영유권 소속에 대한 일본 측의 구체적인 견해를 밝히지 않
은 채, 나아가 간도협약을 체결함에 따라 일본이 얻게 된 국가적인 이익
을 거론하지도 않은 채, 간도분쟁을 해결해준 시혜자의 입장에서 간도에
얽힌 한·청 양국의 영토문제만을 서술하고 있다. 부록에서도 단지 간도협
약의 내용만을 싣고 있을 뿐이다.

53. 初等地理書 卷1~3, 朝鮮總督府, 朝鮮書籍印刷, 1932~1934

발간이유는 별도로 명시되어 있지 않으나, 초등학교 학생들의 지리교
육을 위한 교과서로서 발간되었다. 전체 3권 구성이다. 제1권은 일본과
일본에 속한 근교지방, 즉 조선지방, 화태지방, 북해도지방, 오우지방, 관
동지방, 중부지방, 근기지방 등을 차례로 서술하고 있다. 제2권은 중국 및
四國지방, 구주, 대만, 남양, 관동주 등 일본이 군사적으로 진출하여 점령
한 지역을 비롯하여 아프리카주, 남아메리카주, 북아메리카주 등 세계지

리를 다루었다. 마지막으로 제3권은 지리부도로 각 지역의 지도를 싣고 있다.

조선에 대한 설명은 제1권의 조선지방 부분에서 다루고 있다. 우선 조선을 북부조선과 중부조선 및 남부조선으로 구분하여 각각의 지방마다 구역, 지형, 기후, 산업, 교통, 상업, 주민 및 도읍 등의 순으로 간략한 설명을 하고 있다. 이어서 총설을 통해 조선 전체의 지형과 기후, 산업, 교통, 상업, 교육, 정치 등을 다루고 있다.

국경과 변경 및 영토와 관련한 서술내용을 보면, "조선지방은 일본해와 황해 사이에 북에서 남으로 향하여 뻗어 나온 반도국"으로 되어있어 동해를 일본해로 표현하고 있음을 볼 수 있다. 조선의 북쪽 국경은 압록강과 두만강 및 백두산이 만주와 경계를 이룬다고 보고 있다. 동해상에는 울릉도가 있다고 설명하고 있으나, 독도에 대한 언급은 아예 없다. 제3권의 부도를 보면 울릉도는 표시되어 있으나, 독도는 아예 나타내지 않았다. 고등학교 지리서에서는 울릉도와 독도를 구분해서 싣고 있다. 반면, 초등교과서에서는 작은 도서지방까지 상세히 소개할 필요성이 없어서인지 독도까지는 구분해서 싣고 있지 않다.

54. 初等地理書解說, 平田庫太·大石運平, 朝鮮公民教育會, 1932

이 책은 일선학교에서 초등지리서를 가르칠 때 각 지방, 각 項의 요지를 간단명료하게 설명하여 교재를 해설하고, 삽화설명을 부가하는 등 교수 상의 주의점을 기록함으로써 참고자료로 활용하기 위해 편찬되었다. 특히 보통학교와 사범학교의 교사들인 저자들은 책의 첫머리에서 종합적 직관 내지는 자연과 인문의 양 관계를 중요시해야 한다고 주장하고 있다. 그에 따라 단편적 사실에 함몰되지 않고 상호 연결 관계에 주의하는 것을 작업의 우선으로 삼았다고 언급하였다.

책의 구성을 보면, 우선 서론에서는 지리학습 지도상의 유의점과 향토 지리의 整理를 언급하였다. 본론에서는 우리나라와 조선지방, 화태지방, 북해도지방, 오우지방, 관동지방, 중부지방, 근기지방 등의 위치와 구역, 기후, 산업과 교통, 주민과 도읍 등 자연지리와 인문지리적 내용을 총괄하여 서술하였다. 부록으로는 '초등지리서지도세목'을 싣고 있다.

조선지방을 서술한 자료를 보면 "조선은 일본해와 황해 사이로 돌출한 커다란 반도이다"라고 하여 동해를 일본해로 표기하고 있음을 볼 수 있다. 조선의 국경은 "북쪽으로는 장백산맥과 압록강 및 두만강을 사이에 두고 만주국과의 경계를 이룬다"라고 서술하였다. 중국 측 표기방식인 '도문'이라 하지 않고 두만강으로 표기하였다. 만주국 설립 이후이기 때문에 중국과의 직접적인 경계가 아니라 만주국이 경계선임을 나타냈다. 또한 조선의 위치를 서술함에 있어서 경위도 표시를 동단의 경우 동경 124도 11분으로 나타내었다. 이는 동경 131도 52분 10초에 위치한 독도는 물론 울릉도도 아예 포함시키지 않은 좌표이다.

조선 제일의 高山으로서 백두산을 서술한 부분에서는 "주 봉우리인 大正峯은 해발 2,744미터로 조선 제일의 높은 산으로 전해지고 있지만, 사실 대정봉은 조선에 속하는 것은 아니라고 하였다. 즉 日滿의 경계는 대정봉에서 동남쪽 아래 지점에 있는 정계비를 기점으로 하여 동쪽으로 흐르는 石乙水이다"라고 되어 있다. 이는 당시 조선 영토에 대한 일반적인 인식은 백두산 대정봉까지를 포함하는 지역이었지만, 간도협약 후 일본이 석을수를 경계로 정함으로써 간도지역을 중국에 양여하게 되었음을 의미하는 것으로 해석된다.

동부해안을 설명하는 부분에서는 동해상이 아닌 "일본해상에 한 개의 외로운 섬, 울릉도가 떠있으며 이는 일명 송도라고도 한다"라고 서술되어 있다. 이 시기 울릉도는 '송도'라는 별칭으로 부르지 않아도 이미 독도와 구분되면서 울릉도로 인식되고 있었다. 그런데 이 책에서는 여전히 별칭을 소개하고 있는 것이다. 또한 울릉도를 '외로운 섬'으로 묘사하고 동해상에 홀로 동떨어져 있는 섬이라는 사실을 강조하였다. 그 부속도서인 독도의 존재는 의도적으로 무시한 채 서술 자체를 기피하고 있다.

55. 지리강좌 일본편 第6卷-朝鮮·關東州, 改造社, 1933~1935

일본의 지리를 서술하면서 조선과 관동주까지 일본의 영토영역에 넣어 여섯째 권으로 구성한 것이다. 관동주는 일본이 러일전쟁 승리 후 러시아가 가지고 있던 요동 반도의 조차지역을 넘겨받으면서 관할하게 된 중국의 다롄과 뤼순지역을 일컫는 명칭이다. 이 책에서는 식민지 조선과 조차지인 관동주의 자연지리적 형세와 산업, 주민, 주요 명승지 등을 조사하여 싣고 있다. 각각의 주제별로 일본 내 각 대학교수들이 분담하여 집필하는 형식을 취하고 있다. 외지를 알고자 하는 일본인들의 점증하는 욕구를 충족시켜주고, 조선과 관동주에 산업 및 상업 투자를 위한 수요에 맞추기 위한 의도로 이 책을 출간한 것으로 보인다.

그 구성을 보면 조선의 경우에는 지세 및 지질, 광업, 기후, 농목업, 임업, 공업, 수산업, 시장, 교통, 무역, 주요취락, 주민, 금강산, 제주도 등에 대해 서술되어 있다. 반면 관동주에 대해서는 지세 및 지질, 기후, 산업, 무역, 연혁 및 인구 등으로 소략한 편이다.

국경 및 변경에 대한 시각을 보면 조선의 北邊은 압록강과 두만강 두 강이 한계이고, 동해로 돌출하여 일본해와 황해를 구분 지으며, 북쪽으로는 웅대한 장백산맥과 北鮮의 여러 산맥들과 이어진다고 하였다. 여기서는 동해를 명명하긴 하나 현재의 동해 보다 한반도 훨씬 더 북쪽에 위치한 러시아 연해의 동쪽바다로 규정지어 사용하고 있다. 황해와 마주한 동해에 대해서는 시종일관 일본해라는 용어를 사용하고 있다. 또한 북쪽 경계를 설명하면서는 "백두산에서 南南東에 함경남북도 2개 도의 경계를 달리는 압록강과 두만강 두 강이 분수령을 이룬다"라고 서술되어 있다.

56. 鮮滿發達史 : 北鮮及東滿編, 朝滿事業協會, 1933

일본은 조선이 대륙 만주의 영향 속에서 역사가 진행되었고, 조선의 역사와 만주의 변천사는 별개의 것으로 보기 어렵다고 생각할 정도로 만주사에 대한 종속성을 강조해 왔다. 이 책에서도 만주를 일본의 생명선으로 보면서, 일본이 한국을 병합한지 20여 년이 지났음에도 전적으로 일본 국토인 조선에 대해서조차도 깊은 인식을 하지 못하고 있음을 안타깝게 생각하고 있다. 특히 일본은 1932년 만주국을 세워 만주를 실질적으로 지배·통치해오고 있지만, 오늘날 일본국민들이 만주를 어느 정도나 알고 있는가를 자문하며 내지인들에게 만주에 대한 인식을 심어주기 위해 이 책을 쓰고 있음을 드러내고 있다. 더불어 만주와 조선의 함경도지방을 함께 서술하면서 소개하고 있는 것이 특징이다.

책의 전체적인 구성은 여러 사람들이 쓴 서문을 비롯하여 조선의 교통과 행정제도, 재정경제, 농업·상업·공업, 군사, 사법제도 등의 내용을 서술한 조선총람과 함경남도 및 함경북도, 동만주 일대의 자연지리와 인문지리적 요소 등을 모두 포괄하고 있다. 그 외 조선에 관해 발표된 여러 논문들을 함께 싣고 있다.

함경북도의 연혁을 서술하면서 함경도의 동부 일대는 일본해에 임하고 있다고 하여 동해를 일본해로 표기하고 있다. 또한 북부는 두만강 유역과 접하면서 만주국과 간도, 훈춘 및 러시아 연해주와 경계를 이루고 있는 것으로 보았다. 나아가 청조가 들어선 이후 간도지역에 월경해 이주하고 있던 조선인을 조선정부에 소환·조치할 것을 요구하는 과정에서 백두산 정계비를 세우게 된 경위, 그럼에도 조선인의 월경과 冒耕이 끊이지 않아 조·청간에 간도문제가 야기되었다는 점, 명치 42년인 1909년에 일본과 중국이 교섭을 벌인 결과 두만강으로 국경을 획정하고 간도협약을 체결하게 되었다는 점 등을 서술하고 있다. 여기서도 조·청 양국 간의 국경분쟁이 일본의 중재 하에 원만히 해결된 것으로 묘사하고 있을 뿐이다. 일본이 국가적 이익을 앞세워 협약을 체결하면서 간도를 청국영토로 인정해준 사실에 대해서는 직접적인 언급을 피해가고 있다.

57. 最新朝鮮歷史地理辭典, 佐藤種治, 富山房, 1933

이 책의 서두에서는 "조선과 일본은 같은 종족으로서 태고 이래로 형제국이었는데, 당나라의 침략주의를 견지했던 중국 한족 때문에 유감스럽게도 한반도를 방기할 수밖에 없었다. …그러나 明治의 聖代에 이르러 한족의 세력을 구축하고 다시 형제의 나라, 동일가족의 나라를 만들었다. 한국은 우리가 침략한 것이 아니라 조선종족이 합병을 간절히 희망하여 성립되었다"라고 밝히고 있다. 이러한 서술은 이 책의 편찬방향이나 내용과 별 관계가 없지만, 조선과 일본이 하나가 된 유래를 일본입장에서 선전하기 위해 쓴 것으로 보인다. 따라서 일본의 한 부분이 된 조선의 지리 및 역사에 대해 알기 위해 이 사전을 편찬한 것이라며 편찬의 필요성과 당위성을 서두와 연결하여 역설하고 있다.

사전은 발음기호 순으로 구성되어 있으며 일어와 한자를 병기하고 있다. 뒷부분에는 朝鮮歷代國王略系가 함께 실려 있다. 우산국을 설명하는 부분에서는 "조선의 울릉도의 옛 지명이며…다른 이름으로 우릉, 무릉,

죽도라고도 한다"고 하여 울릉도를 죽도로 명명하고 있는 사실을 엿볼 수 있다.

한편 울릉도를 설명하는 부분에서는 "여러 섬 가운데서 특히 우산도와 죽도가 유명하며, 일본인은 우산도를 松島라 한다"고 서술하였다. "德川시대에는 죽도라 하였고, 具原益軒 등은 일본령으로 만들었다"고도 서술되어 있다. 이를 보면 울릉도를 두고 죽도 또는 송도라 하며 명칭상의 혼란을 거듭했던 것은 울릉도 주변의 우산도와 죽도를 달리 지칭하던 데서 비롯되었음을 알 수 있다.

한국에서는 우산도가 곧 독도를 가리키는 말이며 조선시대부터 이 섬에 대한 권리행사를 해온 것으로 주장하고 있다. 그런데 일본에서는 우산도를 울릉도의 群島 가운데 죽도 내지는 울릉도의 다른 이름이라고 주장하고 있다. 이 책에서도 '덕천시대에 우산도를 죽도라 하고 일본령으로 만들었다'고 서술하였다. 여기서 죽도는 곧 우산도를 의미하는 것인지, 울릉도 전체를 죽도라 명명하며 일본령으로 하였는지 등의 관계는 명확하지 않다. 그러나 어떤 것이든 간에 단 한 번도 일본령이 된 적이 없었던 울릉도, 나아가 독도에 대해 명백한 왜곡 서술을 하고 있는 것만은 분명하다.

58. 間島之現勢, 太田勝, 鮮滿事情出版社, 1935

이 책은 만주국이 건국된 이래로 일본국민의 만주에 대한 관심이 부쩍 늘어났고, 만주는 세계열강도 호시탐탐 넘보고 있는 '동양의 大寶庫'로서, 일본이 타국인보다 이 지역에 대한 연구를 먼저 시작하여 긴요한 지식을 알릴 필요가 있다고 판단되어 기획한 것이다. 따라서 이러한 점에 발맞추어 간도의 연혁 소개와 함께 행정, 산업, 치안상황 등이 상세히 서술되어 있다.

책의 전체적인 구성은 1. 서언, 2. 간도의 연혁, 3. 간도의 개설, 4. 행정
일반, 5. 산업, 6. 상공업, 7. 교통, 8. 통신·금융·교육·위생, 9. 집단부락,
10. 치안, 11. 연길시 12. 日滿各機關 등의 순으로 서술되어 있다. 목차 앞
에는 間島省略圖가 그려져 있다. 이를 보면 만주국 간도성의 범위는 현재
의 국경선과 동일하게 표시되어 있다. 조선과 간도 사이는 일반적인 도로
표시만 해두었고, 별도의 국경선 표시는 하지 않았다. 한국과 만주국 모
두 일본이 통치하고 있었던 시기이므로, 일본에 포함된 하나의 국가로 여
긴 결과로 보인다.

이 책에서는 간도의 연혁을 서술하는 속에서 '백두산정계비의 건설' 부
분을 따로 떼어내어 간도문제를 언급하고 있다. 그에 따르면, 강희제가
대군을 이끌고 羅禪을 정벌했을 때 종군했던 병졸이 송화강 상류에 토착
하여 당시에는 禁山 구역이었던 것을 기화로 마적의 시조가 되었다. 당시
조선의 농민들 역시 풍요의 땅을 찾아 이주하던 중 간도에서 천혜의 보고
를 발견하고 개간을 시작하였다. 이로써 한·청간에는 양 국민들의 쟁의와
관리 및 소속문제를 두고, 또한 백두산정계비의 비문해석을 둘러싸고 간
도분쟁이 시작되었다.

청일전쟁을 거치면서 국경문제가 다시 불거지게 되었고, 북청사변을
계기로 러시아가 간도를 점령하면서 한인들을 자유롭게 살게도 하였지
만, 러일전쟁으로 일본이 러시아를 물리친 후에 조선을 보호국으로 삼게
되었다. 당시 한국의 참정대신인 박제순이 간도에 거주하는 한인들의 보
호를 요청해오자, 일본은 간도의 소속문제는 별도로 하고 한인보호를 위
해 간도에 통감부 간도파출소를 설치하였다. 이를 계기로 일본은 "간도를
한국의 영토로 한다"는 사실을 명백히 하였다.

1909년 청·일 양국간 간도협약을 통해 한·청 양국의 국경은 도문강으

로 하고, 다년간 양국의 분쟁이었던 간도의 예속문제는 청으로 귀결되었으며, 통감부 임시파출소는 간도총영사관이 되었다. 이렇듯 이 책에서는 간도의 자연지리와 인문지리를 서술함과 동시에 간도문제와 관련된 역사적 쟁점과 과정들을 훑어보는 별도의 서술부분도 마련하고 있다. 이를 통해 일본은 처음부터 간도를 조선의 영토로 인식하고 있었음을 알 수 있다. 그러나 일본이 자국의 이익을 위해 간도의 귀속을 청으로 결정한 사실에 대해서는 가벼운 서술로만 끝낼 뿐, 그로 인해 한·청 양국의 분쟁이 종식된 측면에만 무게를 두고 평가하고 있는 편이다.

59. 朝鮮鄕土地理, 豊川善曄, 日韓書房, 1935

이 책은 조선총독부가 편찬한 초등지리서를 마친 후 중등학교 생도가 일반적으로 볼 수 있는 정도의 수준으로서, 교과서의 보충교본으로 사용하기 위하여 편술된 것이다. 초등지리서와의 중복을 피하고자 하였으며, 향토애의 정신을 고조시키는 데에 주안점을 두었다. 또한 1장을 1시간에 배당하여 대체로 16시간으로 종결하려 하였다는 점을 나타냈다. 따라서 학교 현장에서 수업시간에 효율적으로 가르칠 수 있도록 책의 단원과 내용을 조정한 것으로 보인다.

16장으로 구성된 책의 목차를 보면 1. 우리들의 조선, 2. 위치 경역, 3. 면적 인구, 4. 지세 해안, 5. 지질 토양, 6. 기후 생물, 7. 문화의 발전(상), 8. 문화의 발전(하), 9. 산업(상), 10. 산업(중), 11. 산업(하), 12. 상업, 13. 교통, 14. 地理區(상), 15. 지리구(중), 16. 지리구(하) 등으로 되어 있다. 조선의 자연지리에다 문화적인 내용을 부가적으로 보충하는 형식으로 구성하였음을 알 수 있다.

서술상의 특징을 살펴보면 조선의 4境을 설명하면서 북쪽 국경은 압록강과 두만강으로써 신흥만주국과 경계를 이루고 있고, 동쪽은 해류의 경계로써 러시아의 블라디보스톡과 마주하고 있는 것으로 서술하였다. 이는 종래에 동쪽 경계를 설명하면서 일본해를 사이에 두고 일본과 마주하고 있다는 서술에서 상당히 변화된 내용이다. 이는 한국이 이미 일본의 식민지로서 하나의 국가가 되었기 때문에 일본 및 일본해를 포함하는 전 영토와 영해는 일본의 것으로 속해 있다는 의미로 국경지역을 그렇게 서술한 것으로 보인다. 그에 따라 동쪽 국경을 설명하기 위해 함경도 지역에서 국경선으로 구분되는 지역을 찾아 러시아령 블라디보스톡을 제기하고 있는 듯 보인다.

또한 최근 만주국의 발흥이나 일본해로의 출구로서 北鮮의 여러 항구를 사용하기 위하여, 그리고 간도에 조선동포들이 이주하여 사는 것을 위하여 이 지역을 개방해 두었다고 하였다. 나아가 일본과 만주 간에 블록을 형성한 이상 조선의 위치는 매우 중차대한 것이라고 보았다. 대륙으로 나아가는 통로로서 조선의 위치를 매우 중요하게 생각하고 있었고, 이를 강조하고 있다.

60. 咸北小史, 咸鏡北道, 1935

北鮮으로 일컬어지는 함경북도의 중요성과 이에 대한 관심은 일본 내부에서 꾸준히 증대되어 왔다. 그에 따라 이 책은 함경북도의 행정업무를 원활히 하고, 북조선 연구에 정보를 제공하려는 차원에서 편찬되었다. 구성을 보면 함경북도의 연혁과 역사를 개괄하면서 마지막 장에서는 간도문제를 별도로 심도 있게 다루고 있는 것이 특징이다.

주요 내용은 선사시대를 거치면서 함경북도지역을 근거로 흥망을 거듭한 왕조들, 주로 옥저와 한사군시대의 현토군 및 고구려와 발해가 이 지역을 근거로 어떤 역사적 변화를 거듭하고 있었는지에 대해 검토하여 서술하고 있다. 또한 신라의 북진과 윤관의 여진 정벌, 김종서의 육진 개척 등으로 대표되는 함경도 지방으로의 진출이 역대정권 하에서 어떻게 이루어지고 관할되었는지에 대해 상세하게 다루고 있다. 마지막 장에서는 간도문제의 전말이 서술되어 있다.

일본의 국경의식 및 간도문제와 관련하여 주요 내용을 따라가 보면, "함경북도는 동쪽으로는 일본해에 닿아있다"고 하여 동해를 일본해로 표기하고 있는 것을 볼 수 있다. 또한 "서북쪽은 두만강으로서 러시아와 중국의 국경을 이루며, 간도와 훈춘 및 만주지방에서나 조선쪽에서 이 지역을 바라보면 매우 중요한 지대라는 사실을 알게 된다.… 백두산정계비의 토문강이 송화강의 상류와 연결된다고 보는 조선 측 시각과 이에 반대하는 중국과의 사이에서 비롯된 국경문제가 양국 간의 현안으로 되어 있다"고 서술하였다.

나아가 국경과 관련한 조선 측 주장은 두만강이 국경이 아니라 송화강의 상류가 국경이고, 그 사이에 가로 놓인 간도는 조선의 땅이라는 것이다. 이에 대해 청은 토문강은 도문강 즉 두만강이라는 일관된 입장을 견지하고 있었다. 조·청 양국 간의 줄다리기가 계속되는 속에서 한국은 이범윤을 시찰사로 임명하여 간도를 조사하고, 그 곳에 거주하는 조선인들을 위무하도록 하였다. 또한 그곳 조선인들을 호적에 입적시키게도 하였다. 당시 이범윤이 국경을 조사한 기록을 모아서 후일의 자료로 편찬되어 나온 것이 바로 金魯奎가 쓴 『北輿要選』이다. 이범윤은 간도에 있는 청국관리들이 조선인을 압박하는 정도가 점점 심해지니 조선인의 생명과 재산을 보호해주지 않으면 안 된다고 주장하기도 하였다.

결국 팽팽한 의견대립이 이어지는 속에서 1904년 조선과 청은 12개조에 이르는 간도약관을 체결하게 되었다. 그 주요내용은 "양국의 경계는 백두산의 비문으로 입증된다. 이에 따라 양국 정부는 사람을 파견하여 함께 조사할 것이다. 그때까지는 종전처럼 도문강을 국경으로 하고 각기 구역을 지켜 무기를 소지한 병사가 국경을 넘어 생활하는 것을 금한다.", "이범윤은 경계문제에 있어서 계속해서 일을 만들고 있다. 조선 경계관은 이를 금지시키지 않으면 안 된다. 다시 경계를 범한다면 조약을 위반한 것이다.", "이범윤이 북간도를 관리하는 것 등은 청국정부가 승락하지 않은 바로서 청국의 경계관은 이것을 인정하지 않는다. 조선의 경계관도 이를 인정하지 말아야 할 것이다.", "옛 간도, 즉 광제곡가강의 땅은 종전처럼 종성의 조선인에게 경작권을 준다"는 것 등이다.

간도문제는 러일전쟁이 끝난 1905년에 일본이 조선에 통감부를 설치하고 조선의 외교를 지휘하게 되면서 자연히 일본 대 중국의 문제로 되었다. 일본은 1907년 통감부 임시간도파출소 설치를 시작으로 제국보호기관을 설립하였다. 이에 한민족은 매우 기뻐하였고, 청은 이의 철회를 교섭해왔다. 그에 따라 일본은 간도에 대한 제반조사를 진행한 결과 간도를 방기하여 중국의 영토로 승인해주고, 이에 관한 협약을 조인하였다는 것이다. 이처럼 전반적인 책의 서술방식은 일본이 나서서 한국민들을 보호해주고, 권익을 찾아주었으며 이로써 간도문제가 매듭지어지게 되었다는 식의 시혜자적 입장과 태도로 서술하고 있다.

61. 新日本地方別大地圖 : 朝鮮地方, 三省堂, 1937

일본의 각 지방별 대지도이다. 조선의 경우 두만강과 압록강을 기점으로 만주국과 경계를 이루는 것으로 묘사하였고, 간도는 중국영토로 표기하였다. 울릉도를 나타내는 부분에서는 부속도서로 작은 섬을 두 개 그려 넣었으나 독도라는 명칭을 별도로 기입하지는 않았다.

삼성당에서 편찬한 발행년도 불명의 또 다른 조선 지도에서는 동해상의 울릉도 옆에 독도를 竹嶋라 표기하여 독도가 조선의 땅임을 확인하고 있다. 일본 내에서도 독도를 둘러싸고 이를 한국영토로 표기할지의 여부에 대해 정확한 입장을 정리하지 못했음을 나타내는 부분이라 할 수 있다.

62. 朝鮮と滿洲案内, 釋尾春芿, 朝鮮及滿洲社, 1937

일본이 조선을 바라보는 일반적인 시각은 일본이 앞장서서 조선을 지도해야 하고 개혁과 발전의 길로 이끌어 주어야 한다는 것이다. 나아가 만주까지도 발전을 이룰 수 있도록 도와주어야 하는 것이 일본의 사명인 것으로 생각하고 있다. 이 책은 이러한 사명감과 투철한 책임감으로 조선과 만주를 동격에 놓고 중요시하면서, 그 지리적 중요성을 알고자 하는 취지에서 편찬되었다. 그에 따라 책의 이름도 『조선과 만주 안내』로 명명하였다. 조선과 만주의 개괄적 서술을 통해 일반인들에게 알기 쉽도록 저술하였다. 책에서 주로 다루고 있는 분야는 지리, 도시, 교통, 산업에 치중되어 있다.

주요 구성을 보면 우선 조선편에서는 조선의 자연지리를 개괄하였다. 이어서 조선의 연혁부분에서는 고대부터 대원군집권기를 거쳐 한일병합기까지의 역사를 서술하였다. 또한 조선의 문화와 도읍지, 교통, 체신, 산업, 금융, 행정의 개관, 재정, 경찰, 국방, 사법, 교육, 위생, 제사, 종교, 풍속에 이르기까지 인문지리의 전반적인 내용을 거의 모두 포괄하고 있다. 만주편에서도 마찬가지로 만주의 자연지리를 개설한 후, 태고사부터 근세사에 이르기까지의 만주의 역사를 개괄하였다. 이어서 만주의 교통, 산업, 금융 및 투자, 행정, 재정, 사법, 경찰, 교육, 종교, 위생, 국방, 풍속, 만주의 일본기구와 일본인 및 재만조선인 등을 상세하게 서술하였다. 부록으로 조선과 만주의 각종 지표들을 비교하는 '선만 비교 통계표'를 싣고 있다.

변경 및 국경과 관련한 인식을 보면 조선의 위치를 서술하면서 동쪽으로 일본해와 접해 있다고 하여 동해를 역시 일본해로 표기하였다. 남쪽으로는 조선해협을 끼고 일본열도와 서로 마주하고 있고, 북쪽의 한 부분은 압록강, 두만강과 장백산맥에 의해 만주국 및 러시아 연해주와 국경을 접하고 있다고 서술하였다. 이어서 국토의 경위도를 동경 124도 11분에서 130도 56분 23초까지로 서술하고 있다. 독도의 위치인 동경 131도 52분 10초의 기록과 매우 근접하게 서술하고 있음을 알 수 있다. 또한 極東을 울릉도와 죽도로 표기함으로써 울릉도를 죽도라 명명하던 데서, 죽도를 별도의 섬으로 명백하게 구분하여 기재하고 있음을 볼 수 있다. 이로써 당시 일본은 죽도 즉 독도를 조선의 영토로 분류하고 있었음이 확인된다.

63. 朝鮮史のしるべ, 朝鮮總督府, 1937

조선총독부의 시정 25주년을 기념하여 만든 소책자로서 조선의 고금의 역사를 간단하게 알 수 있도록 하기 위해 편찬되었다. 특히 시정 25주년에 맞추어 책의 장을 25장으로 나누어 구성한 것이 특징이다. 그동안 출간된 수많은 조선사 관련 연구 성과를 근거로 한 것이어서 서술방향과 내용은 기존의 역사서와 별다른 차이가 없다.

내용 전반을 살펴보면 시대구분부터 시작해서 낙랑군, 고구려, 백제, 신라, 임나 등 한반도에서 흥기한 정치세력의 흥망을 훑고 지나가는 형식이다. 특히 가야에 대해 '임나'라는 명칭을 쓰고 있는 것이 눈에 띈다. 신라의 통일과 고려의 발전, 몽고의 침입, 조선시대의 文祿·慶長의 役, 동양의 개항과 조선, 통감과 총독정치에 이르기까지 각 시대의 역사를 간단하

게 살피고 있는 정도이다. 가야를 '임나'로, 몽고를 '元寇'로, 조선을 '이
조'로, 임진왜란을 '文祿·慶長의 役'으로 각각 달리 표현하고 있는 점도
보인다. 부록으로 삼국시대 형세도를 비롯한 각종 지도와 부여·경주·개
성·경성 등 각 왕조별 수도지 부근의 지도, 각종 문화재와 관련한 도판이
실려 있다.

간도 및 독도에 대한 구체적인 사항은 서술되어 있지 않다. 다만 '이조
시대 형세도'에서 나타난 국경인식을 보면 동해상에 울릉도로 추정되는
섬 하나만을 표시해 두었을 뿐, 명칭도 생략되어 있으며 독도는 아예 표
시하지도 않았다. 또한 북쪽 국경을 두만강과 압록강으로 획정하고 있어
간도지역을 중국영토로 편입시키고 있는 점도 눈에 띈다. 이는 곧 조선시
대를 나타낸 지도이긴 하지만, 후대의 시각이 반영된 결과로 보인다. 한
편 이 시기 일본은 독도의 존재를 인식하고 있었으면서도 의도적으로 이
를 무시하여 표기하지 않거나, 표기하되 한국식 명칭을 붙이지 않고 '죽
도'로 명명하고 있는 사실도 파악된다.

64. 初等地理 卷1-2, 朝鮮總督府, 1937

발간이유는 따로 명시되어 있지 않지만, 일본내지와 조선의 초등학교
지리교과서로 활용하기 위해 총독부에서 편찬한 것으로 보인다. 초등학
교 지리교과서 수준에 맞추어 각 지역을 간략하게 서술하고 있는 것이 특
징이라 하겠다. 전체 두 권 구성으로 되어 있으나, 조선 관련 내용은 1권
에만 서술되어 있다. 이 책은 일선학교에서 초등생들을 대상으로 가르치
는 교과서이고, 이를 지도하는 교사를 위한 해설서인 『초등지리서 <권1>
해설』도 조선총독부에서 함께 출간하였다.

책의 전체 구성을 살펴보면 일본제국을 1. 대일본제국, 2. 조선지방, 3.

화태지방, 4. 북해도지방, 5. 奥羽지방, 6. 관동지방, 7. 중부지방, 8. 근기지방 등으로 구분하고 각 지방의 지형과 기후, 산업, 교통, 주민 등을 소개하고 있다. 자연지리와 인문지리적 내용을 종합해서 간략하게 싣고 있는 수준이다. 이 가운데 조선에 대해서는 "지리를 배우는 편의에 따라" 북부조선과 중부조선, 남부조선 등 세 부분으로 나누어 각 지역의 자연지리와 인문지리적 요소를 소개하고 있다. 아울러 총설에서는 조선 전체의 지형과 기후 및 산업, 교통, 상업, 교육, 정치 등에 대한 내용을 서술하고 있다.

이 가운데 조선의 국경 및 영토에 대한 일본의 시각을 살펴보면, 조선을 식민지로 경영하기 시작한 이후 일본은 조선을 하나의 지방으로 격하시키고 이미 그들의 일부가 된 지역으로서 조선을 소개하고 있다. 조선지방은 "일본해와 황해 사이에, 북쪽에서 남쪽으로 돌출된 반도"라고 되어 있다. 동해가 아닌 일본해라는 표기법을 사용하고 있으며 조선지방을 그린 지도에서도 황해는 황해로, 동해는 일본해로 표기하고 있다. 또한 조선의 북쪽은 압록강과 두만강 및 백두산으로 만주국과의 경계를 이루는 것으로 보았다. 이 시기는 이미 간도협약 이후 영토에 대한 논쟁이 종식된 상태이기 때문에 북쪽의 국경선은 압록강과 두만강으로 획정된 것이 반영되었다.

65. 朝鮮大地圖, 韓洋社, 京城出版社, 1937

축척이 백만분의 1인 조선의 전도로서, 조선 전역이 비교적 상세하게 그려져 있다. 두만강과 압록강 이북은 만주국으로 표시되어 있다. 동해상의 울릉도 옆에는 아주 작은 섬을 그려 넣고 竹島로 표기하였다. 이 지도를 통해 볼 때 일본은 당시 독도를 울릉도의 부속도서로 인식하고 있었으며, 아울러 독도를 한국의 영토로 파악하고 있었던 사실을 알 수 있다. 또한 독도를 한국에서 부르는 명칭으로 명명하지 않은 채 일관되게 '죽도'로 표기하고 있는 사실도 확인할 수 있다.

66. 國史地理, 朝鮮總督府, 朝鮮書籍印刷, 1938

이 책은 조선총독부에서 편찬한 일본의 역사 및 지리에 관한 교과서로 상·하 두 권으로 구성되어 있다. 별도의 서문 없이 곧바로 내용으로 들어가 상권 첫 장인 '대일본제국'에서 "대일본제국은 천황폐하께서 다스리시는 국가"임을 강조하고 있다. 일본열도의 범위로 본토를 비롯하여 대만, 치시마열도, 유구를 모두 포함하고 있다. 그러나 이 지역이 모두 동등하게 다루어진 것은 아니다. 큰 줄기는 일본의 역사 및 지리를 중심으로 서술하면서 조선과 대만, 유구의 경우 일본에 편입된 시점부터 서술이 시작되고 있다.

책의 전체적인 구성을 보면 상권은 주로 일본의 역사와 지리에 대해 서술하였다. 맨 처음에는 역대 천황의 계보를 기재하였다. 이어서 대일본제국의 범위와 형성과정, 천황폐하의 선조, 皇大神宮, 국가의 시작, 대륙과의 왕래, 나라의 도읍, 무가의 공훈, 국위 선양, 태평의 은혜 등으로 구성하면서 일본의 역사를 간략하게 서술하고 있다. 마지막에는 대일본제국 전도를 싣고 있다. 하권에서도 근세 이후의 역사를 다루면서 마지막에 부록으로 조선지방전도와 세계전도 및 각 부현도와 국방도를 싣고 있다.

일본의 영토와 관련한 인식을 보면 대일본제국에 포함되는 섬들의 넓이를 비교하는 그림 속에 九州와 대만 등과 함께 제주도와 강화도, 울릉도 등이 삽화되어 있다. 이 가운데 울릉도는 일본에서 15번째로 큰 섬으로 표시되고 있다. 독도는 아예 대상으로 하지 않아 울릉도에 부속한 도

서 정도로 인식하고 있었음을 알 수 있다. 또한 '明治 37,8年 戰役要地圖'
에 드러난 영토와 관련한 인식을 보면 압록강을 경계로 그 이북지역을 만
주로 표시하고 있으나, 간도는 표기하지 않았다. 동해를 일본해로 표기하
면서 러일전쟁 당시 울릉도 남쪽 해역에서 해전이 벌어진 사실을 그림으
로 나타내고 있지만, 독도에 대한 표시는 여전히 보이지 않는다.

67. 北鮮地方, 朝鮮總督府鐵道局, 朝鮮總督府交通局, 1940

이 책은 北鮮, 즉 함경남·북도 일대를 여행하는 사람들을 위한 안내서
로서 출간되었다. 북선 일대 지역을 아주 면밀히 살펴볼 수 있는 책이라
는 것을 알 수 있다. 철도노선이 정확하게 표시된 지도와 교통, 여관 등의
정보가 지역별로 소소하게 기재되어 있는 것이 이를 뒷받침 한다.

책의 목차를 보면 북선의 지세와 산업 및 간략한 약사를 개관한 후 북
선여행을 고려하는 글을 싣고 있다. 이어서 북선지방을 대표하는 지역
즉, 원산, 함흥, 흥남, 북청, 단천, 성진, 길주, 나남, 청진, 회령 등을 소개
하고 있다. 북선의 유명한 석왕사, 주을온천, 경원과 면양목장, 백두산 등
도 가볼만한 여행지로서 소개되고 있다. 또한 혜산선, 백무선 등의 열차
선도 정보 차원에서 자세히 알려주고 있다.

책의 내용 가운데 변경 및 영토와 관련한 사항을 살펴보면, 북선의 지
세를 설명하는 부분에서 "백두산에서 발원한 압록강과 두만강은 만주국
과의 국경을 형성하고, 두만강 하구 부근에서는 소련령과의 경계를 이룬
다. 평야는 일본해와 만나는 해안선을 따라 산재해 있다."라고 되어 있다.
간도협약 이후 일관되게 중국 측 입장에 따라 압록강과 두만강을 국경으
로 이해하고 있다. 동해 보다는 일본해로 표기하는 자국적 방식을 따르고
있는 것도 볼 수 있다.

북선의 대표적인 지역을 설명하는 가운데 圖們에 대해서는 간도분쟁과 연결 지어 더 이상의 상세한 설명을 하지는 않았다. 다만 간도성 총영사 분관과 일본상공회의소, 세관, 전매국, 경찰서, 郵局, 일본인소학교, 은행 등의 각종 기관이 소재하고 있음을 밝히고 있다. 만주국 휘하에 있는 간도를 여행하는데 필수적인 사항들을 정보제공 차원에서 서술하였다.

68. 日本地理: 朝鮮·臺灣·關東州·南洋, 桝田一二, 硏究社, 1941

이 책은 학교 학습에 있어서 지리교육의 기초적인 지식을 튼튼하게 하고, 일반 독자들의 취미를 풍부하게 하여 지리에 대한 이해와 취미를 배양하게 하기 위해 집필되었다. 원래 『일본지리』라는 제목의 시리즈로 간행되었다. 본 책에서 다루고 있는 지역은 조선과 대만, 관동주 및 남양으로서 일본본토와는 달리 外地 부분만을 취급하고 있다. 외지는 일본의 입장에서 생명선과 같은 곳으로서 중요한 의의를 지니는 곳들이다. 특히 조선과 관동주는 일본이 북방대륙으로 발전해 나가는 기지를 구축하는 곳으로서, 대만과 남양군도는 남쪽으로의 진출 거점을 확보하는 위치로서 중요하게 여겨져 오던 지역들이다. 따라서 이러한 지역들의 지리적 특성과 현상을 상호 비교하여 찬술함으로써 일선 지리교육 현장에서 교육자료로 활용하려한 것으로 보인다.

조선에 대한 주요 내용을 보면 조선의 명칭과 행정구역 및 지세를 총괄적으로 살피고 있다. 또한 조선을 南鮮과 北鮮으로 크게 구분하여 주요 항구와 국경도시, 명산과 주민, 특산물 등에 대해 상술하고 있다.

우선 이 책에서는 조선을 대륙으로 건너가는 교두보, 육교로 서술하고 있다. 나아가 "대륙의 문화는 조선을 통해 일본으로 전해진 것이 많다"라고 표현할 정도로 조선을 문화적으로 중요한 매개체로 인식하고 있다. 또한 조선은 일청, 일러전쟁을 거치면서 그 독립이 완전히 인정되었으며, 1910년 일본이 병합한 이후 한국의 국호는 조선으로 개칭되어 오늘에 이른 것으로 서술하였다.

국경과 영토에 대한 인식을 보면 조선의 북쪽 국경은 두만강과 압록강이 만주국과 경계를 이루는 국경하천이라고 소개되어 있다. 특히 백두산을 중심으로 하여 서남쪽으로 흐르는 압록강과 동북쪽으로 흐르는 두만강에 의해 일찍이 중국 및 소련령인 연해주와 자연경계를 이루게 되었다고 하였다. 이와 더불어 조선이 중국에 병탄되지 않고, 러시아에도 유린당하지 않을 수 있었던 이유가 이러한 하천의 존재 덕분이라는 해석이 눈에 띈다.

69. 初等地理. 第1, 5-6學年, 朝鮮總督府, 朝鮮書籍印刷, 1942~1944

초등학교 지리교육을 위해 발간한 교과서이다. 전체 3책으로 구성되었다. 제1권의 목차는 1. 대일본제국, 2. 조선지방, 3. 화태지방, 4. 북해도지방, 5. 오우지방, 6. 관동지방, 7. 중부지방, 8. 근기지방, 9. 중국 및 四國지방으로 되어 있다. 이 가운데 조선에 대해서는 위치와 면적, 주민 등을 총괄적으로 서술하는 가운데 각각의 지방지로서 북부조선, 중부조선, 남부조선에 대해 서술하고 있다. 그 외 총설로서 지형과 기후 및 산업, 교통, 상업 일반에 대해 서술하였다. 제2권은 5학년용 교과서로서 일본 본토와 북해도 등을 비롯하여 남양, 대만, 조선, 관동주 등 군사적으로 진출하여 점령한 지역들을 다루고 있는 것이 특징이다. 제3권은 6학년용 지리교과서로서 인도와 유럽, 아메리카주 등 세계지리를 다루고 있다.

이 가운데 영토 및 영해와 관련한 서술을 보면 제1권 총설에서는 조선의 국경을 "장백산맥이 동서로 이어져 있고, 그 주봉인 백두산은 압록강과 두만강 및 만주 송화강의 분수령이 된다"라고 서술되어 있다. 중국 측 표기방식에 따라 장백산맥이라 일컫고 있음을 볼 수 있다. 또한 "태백산맥은 일본해 방면과 황해방면과의 분수령이고…"라며 동해를 일본해로 서술하는 등 일본 측의 표기법에 충실한 것을 볼 수 있다. 울릉도와 관련해서는 "동방해상에 울릉도가 있다"는 것으로 서술하고 있으며, 독도에 대한 설명은 아예 없다. 위치와 지세 등을 설명하면서 부가적으로 나타낸 지도상에도 울릉도와 독도는 애써 표시하지 않았다. 조선총독부에서 편찬한 초등학교용 지리교육서이기 때문에 그 내용은 대동소이하다.

70. 十三道官内圖, 國勢調査員, 朝鮮總督府, 발행년 불명

서문이 별도로 없어 어떤 목적으로 만들어진 지도첩인지 불분명하다. 그러나 표제부분에 "지리조사원이 반드시 소지해야 할 지도"라고 명시되어 있는 것으로 보아 한국의 지리를 조사하여 일본인들에게 교육시키고 한국 내 투자유치와 여행을 장려하기 위한 목적으로 작성된 지도로 추정된다.

경상북도 전도를 그린 지도를 보면 경상북도 울릉도를 나타낸 지도에 독도는 제외되어 있다. 또한 함경북도 지도에서도 두만강과 압록강을 경계로 중국과 국경이 구분되는 것으로 표시하였다.

참고문헌

〈1차 자료〉

『숙종실록』,『고종실록』,『순종실록』,『승정원일기』,『관보』
『江原道各郡訴狀』(奎19156),『江原道來去案』(奎 17985)
『구한국외교문서』<俄案>, <日案>
『舊韓國外交關係附屬文書』8, 間島案
『內部來去文』(奎 17794),『주한일본공사관기록』,「鬱島郡 節目」
『제국신문』,『황성신문』
『한국근대법령자료집』(송병기 외 편, 국회도서관)
국회도서관,『간도영유권 관계 발췌문서』(일본외무성·육해군성문서), 1975.

〈단행본〉

久保天隨,『朝鮮史』, 博文館, 1905.
大藏省編 農商務省山林己譯,『韓國誌』, 農商務省山林局, 1905.
松宮春一郎,『最近の韓國』, 早稻田大學 出版部, 1905.
神戶弥作 編,『外國地理』上·下, 六盟館, 1905.
野口保興 講述,『世界地理』, 早稻田大學 出版部, 1905.
田淵友彦,『韓國新地理』, 博文館, 1905.
矢津昌永,『韓國地理』, 丸善, 1906.
圓城寺淸,『韓國之實情』, 樂世社, 1906.
統監府 總務部編,『韓國事情要覽』, 統監府 總務部, 1906.
奧原碧雲,『竹島及鬱陵島』, 報光社, 1907.
小松悅二,『新撰韓國事情』, 東亞研究會, 1909.
根來可敏,『朝鮮·支那 地名辭彙』, 共同出版, 1910.
井手正一,『朝鮮之實情』, 公友社, 1910.
足立栗園,『朝鮮新地誌』, 積善館, 1910.

統監府,『最近韓國事情要覽』, 1910.

吉田英三郎,『朝鮮誌』, 町田文林堂, 1911.

矢津昌永 외,『大日本地理集成』, 隆文館, 1911.

野口保興,『(續帝國大地誌)韓國南滿洲』, 目黑書店, 1911.

朝鮮總督府 編,『最近朝鮮事情要覽』, 朝鮮總督府, 1911.

『日本之朝鮮』, 有樂社, 1911.

納富由三,『朝鮮商品と地理』, 日本電報通信社 京城支局, 1912.

藤田明,『參考中等日本歷史地図』, 宝文館, 1912.

守屋荒美雄,『最新系統地理 女學校用 日本之部』, 杉本光文館, 1912.

日韓書房 編輯部編,『最新朝鮮地誌』, 日韓書房, 1912.

津田左右吉,『朝鮮歷史地理』, 丸善株式會社, 1913.

吉田東伍,『地理的日本歷史』, 南北社, 1914.

朝鮮總督府 編,『日本地理教科書』1-2, 朝鮮總督府, 1914~1923.

小林房太郎,『新地理日本』中學用, 文學社, 1915.

東洋拓殖株式會社 京城支店,『間島事情』, 東洋拓殖京城支店, 1918.

朝鮮及滿洲社 編,『最新朝鮮地誌』(上中下), 朝鮮及滿洲社 出版部, 1918.

朝鮮總督府臨時土地調查局,『朝鮮地誌資料』, 朝鮮總督府, 1919.

朝鮮總督府 編,『朝鮮各道府面間里程圖 』, 朝鮮總督府, 1920.

杉慕南,『長白山より見たる朝鮮及朝鮮人』, 同舟會, 1922.

朝鮮總督府 編,『朝鮮事情』, 朝鮮總督府, 1922~1943.

朝鮮史學會,『朝鮮一般史』, 1923.

東方拓殖協會 編,『滿洲及朝鮮之富源と現勢』, 東方拓殖協會, 1924.

日高友四郎,『新編朝鮮地誌』, 朝鮮弘文社, 1924.

永井勝三,『北鮮間島史』, 會寧印刷所, 1925.

咸鏡北道 地方課,『咸北要覽』, 會寧印刷所, 1926.

牛丸潤亮·村田懋麿,『最近間島事情』, 朝鮮及朝鮮人社出版部, 1927.

今村鞆,『朝鮮事情: 鬱陵島記事』, 南山吟社, 1930.

改造社 編,『日本地理大系 12 <朝鮮篇>』, 改造社, 1930.

朝鮮及滿洲社 編,『朝鮮之研究』, 朝鮮及滿洲社, 1930.

朝鮮總督府,『統監府時代に於ける間島韓民保護に關する施設』, 朝鮮總督官房
　　　　文書課, 1930.

篠田治策, 『間島問題の回顧』, 1930.

鈴木駿太郎 編, 『朝鮮地方全圖』, 1932.

陸軍省 調査班, 『間島の槪況』, 1932.

朝鮮總督府 編, 『初等地理書』卷1-3, 朝鮮書籍印刷, 1932~1934.

平田庫太·大石運平, 『初等地理書解說』, 朝鮮公民敎育會, 1932.

改造社 編, 『朝鮮·關東州』第6卷, 改造社, 1933~1935.

朝滿事業協會 編, 『鮮滿發達史:北鮮及東滿編』, 朝滿事業協會, 1933.

佐藤種治, 『最新朝鮮歷史地理辭典』, 富山房, 1933.

太田勝, 『間島之現勢』, 鮮滿事情出版社, 1935.

豊川善曄, 『朝鮮鄕土地理』, 日韓書房, 1935.

咸鏡北道, 『咸北小史』, 咸鏡北道, 1935.

釋尾春芿, 『朝鮮と滿洲案內』, 朝鮮及滿洲社, 1937.

朝鮮總督府 編, 『朝鮮史のしるべ』, 1937.

朝鮮總督府 編, 『初等地理』卷1-2, 朝鮮書籍印刷, 1937.

朝鮮總督府 編, 『國史地理』, 朝鮮書籍印刷, 1938.

朝鮮總督府 鐵道局 編, 『北鮮地方』, 朝鮮總督府 交通局, 1940.

桝田一二, 『日本地理:朝鮮·臺灣·關東州·南洋』, 硏究社, 1941.

朝鮮總督府 編, 『初等地理』第1, 5-6學年, 朝鮮書籍印刷, 1942~1944.

신용하, 『독도영주권 자료의 탐구』제1권, 독도연구 보전협회, 1998.

김병렬, 『독도에 대한 일본사람들의 주장』, 다다미디어, 2001.

국사편찬위원회, 『한국 근대의 북방영토와 국경문제』, 2004.

박병섭·나이토 세이추, 『독도=다케시마 논쟁-역사자료를 통한 고찰』, 보고사, 2008.

이계열, 『한일어민의 접촉과 마찰』, 전남대 출판부, 2008.

동북아역사재단 편, 『근대 변경의 형성과 변경민의 삶』, 2009.

―――――――――, 『독도·울릉도 연구-역사·고고·지리학적 고찰』, 2010.

송병기, 『울릉도와 독도, 그 역사적 검증』, 역사공간, 2010.

임경석 공편, 『한국근대외교사전』, 성균관대학교 출판부, 2012.

〈논문〉

은정태, 「대한제국기 '간도문제'의 추이와 '식민화'」, 『역사문제연구』 17, 2007.

崔長根, 「일본제국기의 독도/竹島 선행연구 분석-독도 영토문제의 본질규명을 위한 시도-」, 『동북아 문화연구』 제13집, 2007.

김영수, 「근대 독도·울릉도 명칭을 둘러싼 한국과 일본의 시각」, 『역사와 현실』 73호, 2009.

최장근, 「일제의 간도정책에 관한 성격 규명―『조선 간도 경영안』을 중심으로」, 『일어일문학』 43집, 2009.

임덕순, 「독도의 기능, 공간가치와 소속」, 『독도·울릉도 연구:역사·고고·지리학적 고찰』, 동북아역사재단, 2010.

김호동, 「독도와 울릉도를 둘러싼 러·일의 각축과 조선의 대응」, 『獨島硏究』 제10호, 2011.

박병섭, 「러일전쟁과 독도의 가치」, 『獨島硏究』 제10호, 2011.

장영숙, 「일제시기 역사지리서에 반영된 울릉도 및 독도인식」, 『한국민족운동사연구』 67집, 2011.

유미림, 「수세(收稅) 관행과 독도에 대한 실효지배」, 『영토해양연구』 4집, 2012.

김종준, 「개항기 일본상인의 울릉도 침탈과 염상 김두원 사건」, 『동북아역사논총』 42호, 2013.

김호동, 「'울도군 절목'을 통해 본 1902년대의 울릉도 사회상」, 『장서각』 30, 2013.

찾아보기

장영숙張暎淑

상명여자대학교 사학과를 졸업하고 상명대학교 대학원 사학과에서 「高宗의 대외인식 전환
과정 연구」로 석사학위를, 「高宗의 정치사상과 정치개혁론 연구」로 박사학위를 받았다.
서울대 규장각한국학연구원 선임연구원과 한양대 동아시아문화연구소 박사후연구원(Post-
doc.), 연구교수를 거쳐 현재 상명대학교 기초교양대학 교수로 재직 중이다.

〈저서〉
『한국근현대인물강의』(공저, 2007)
『고종의 정치사상과 정치개혁론』(2010)
『고종 44년의 비원』(2010)
『현실주의자를 위한 변명』(공저, 2013)

〈논문〉
「대한제국기 고종의 정치사상연구」(2009)
「『內下冊子目錄』을 통해 본 고종의 개화관련서적 수집실상과 영향」(2009)
「고종정권하 여흥민문의 정치적 성장과 내적 균열」(2010)
「〈集玉齋 書目〉 분석을 통해 본 고종의 개화서적 수집실상과 활용」(2012)
「뎨국신문(帝國新聞)의 성격과 자료적 가치」(2014)
「메이지 유신 이후 천황제와 大韓國國制의 비교-전제군주권적 측면에서」(2015)
「성찰, 화해, 포용의 동아시아사를 위해」(2016) 외 다수